リモートワーク時代の
新しいマネージャーの思考法

課長2.0

The art of remote team management

Maeda Kamari
前田鎌利

ダイヤモンド社

課長2・0

はじめに

すでに「新しい競争」が始まっている

いま、「課長」を取り巻く環境が大きく変わろうとしています。

その原因は言うまでもなく、コロナ禍によって、リモートワーク（テレワーク）が普及したことにあります。

近年、ネット環境の整備が進むとともに、Web会議アプリをはじめとするオンライン・サービスが充実してきていたため、リモートワークはすでに実現可能になっていたところに、コロナ禍が発生。これが「職場に集まって働く」という強固な慣習を打ち破り、ホワイトカラーの職場を中心に、なかば強制的にリモートワークが一般化していったわけです。

もちろん、これが一過性で終わる会社もあります。

実際、緊急事態宣言下ではリモートワークを導入したけれども、宣言が解除されたら元に戻す会社も数多く存在します。しかし、**社会全体の趨勢《すうせい》としては、コロナ禍が収束したとしても、リモートワークが定着していくことはほぼ間違いない**と言えるでしょう。

なぜなら、リモートワークを体験したことによって、そのメリットを実感したビジネスパーソンが激増したからです。

例えば、パーソル総合研究所が実施したアンケートによると、「新型コロナウイルスの流行が収束した後もテレワークを続けたい」と答えた人の割合は78・6％、実に約8割に達しています（「新型コロナウイルス対策によるテレワークへの影響に関する緊急調査　第4回」パーソル総合研究所）。

これは、当然の反応でしょう。

リモートワークであれば、通勤のストレスも軽減できますし、自分のペースでリラックスして働くこともできます。あるいは、家事、育児、介護との両立もしやすくなるでしょう。多くの人々が、これらのメリットを手放そうとしないのは当然のことではないでしょうか。

会社にとってもメリットがあります。

例えば、オフィスが点在している会社の場合、かつては会議を開催するために「移動時間」と「移動経費」（場合によっては宿泊費も）をかける必要がありましたが、リモートワークであればオンラインにつなぐだけでOK。コミュニケーション・コストを大幅に削減することができるわけです。

あるいは、リモートワークを本格的に導入した会社のなかには、社員全員が同時に出社する必要がなくなったため、オフィス面積の削減に踏み切ることで、固定費を大幅に削減した会社もあると聞きます。つまり、リモートワークの導入に成功した会社は、ライバル会社に対して競争優位に立つことになるとも言えるわけです。

こうしたことを考え合わせると、コロナ後もリモートワークは定着していくと見ておくべきでしょう。

おそらく、多くの会社において、オフィスに出勤するリアルワークとリモートワークを組み合わせながら、「最適なワークスタイル」を模索していくことになると思います。そして、**いちはやく「最適なワークスタイル」を確立した会社が優位に立ち、それに失敗した会社は苦境に立たされるようになる**でしょう。いわば、新しい「競争」がすでに始まったとも言えるのです。

〝目隠し〟をされた状態で、マネジメントする時代になった

そして、この急激な環境変化を前に、困惑の度合いを深めているのが「課長」をはじめとする管理職です。

コロナ前までは、メンバー全員が出社するのが当たり前でしたから、その仕事ぶりや進捗状況を直接確認できましたし、気軽にコミュニケーションを取ることもできま

した。しかし、リモートワークでは、目の前からメンバーが消え去り、こうした「前提条件」が根こそぎ失われます。**いわば、〝目隠し〟をされた状態でマネジメントをしなければならなくなった**のです。

これが、難しくないはずがありません。

なかには、メンバーが置かれている状況を把握するために、常時カメラを稼働させて「監視」をしたり、事細かに業務報告をさせようとするあまり、メンバーに威圧感や不快感を与えてしまうケースも報告されています。いわゆる「リモート・ハラスメント（リモハラ）」です。

もちろん、これは極端な例ですが、「リモハラ」までいかないとしても、**メンバーとの意思疎通が思うようにできず、関係性がギクシャクしてしまったと感じる管理職**は多いようです。あるいは、逆に、「リモハラ」と言われるのを恐れて、メンバーに対するコミュニケーションを慎重にしすぎるあまり、**なかば「放任状態」に陥ってしまうケース**も散見されます。

「〝目隠し〟された状態で、どのようにメンバーの状況を把握すればいいのか？」
「バラバラの場所で働くメンバーたちと、どう意思疎通を図っていけばいいのか？」
「リモート環境で、どうやってチームを動かし、目標達成に導けばいいのか？」

本書では、これを「リモート・マネジメント」と呼びますが、現段階で明確な「答え」をもっている人はどこにもいないのではないでしょうか。おそらく、孤独なリモート環境のなかで、多くの管理職が、この「未知の難題」に対応するために試行錯誤を続けているはずです。

「課長2・0」へと進化すれば、大きな「可能性」が手に入る

ただ、私は、この状況をポジティブに捉えています。

なぜなら、リモート・マネジメントという「難問」に対応できるようになったとき、管理職は大きな可能性を手にすることができるからです。

これまで管理職は、チームの活動を管理するために、就業時間の多くを職場で過ご

すことを余儀なくされてきましたが、**リモート・マネジメントができるようになれば、その制約から「自由」になることができます。**

そして、自由にフットワーク軽く動き回ることによって、社外人脈を開拓することができれば、情報感度を格段に高めることができるでしょう。そこで手にした「資産」を会社やチームに還元することによって、**自分自身の「人材価値」を格段に高めることができる**のです。

それはまさに、「課長2・0」と呼ぶにふさわしい進化です。

現在、多くの管理職が、リモート・マネジメントという「未知の難題」に戸惑っているはずですが、この「難題」を解いた先には、可能性に満ちた「未来」が待っているのです。

孫正義社長のもとで、
強制的に身についた「マネジメント手法」

これは、私のソフトバンクでの実体験に基づく確信です。

私は、新卒で携帯電話の販売会社に就職し、「飛び込み営業」からキャリアをスタートさせました。「根性」で売る体育会系の営業会社でしたが、試行錯誤をしながら、ほぼ独力で「データ」を活用した営業手法を開発。好成績を上げることに成功し、20代半ばで管理職になって以降、マネジメント技術を磨き続けてきました。

その後、Ｊ－ｐｈｏｎｅに転職しましたが、イギリスのボーダフォン、さらにソフトバンクに買収され、期せずして、国鉄にルーツをもつ日本的大企業（Ｊ－ｐｈｏｎｅ）、外資系企業（ボーダフォン）、さらにカリスマ経営者が率いる個性的な大企業（ソフトバンク）と、さまざまな企業文化を体験。また、営業現場、管理部門、省庁と折衝する渉外部門、経営企画部門などさまざまなセクションでマネジメントをする機会にも恵まれました。

そして、孫正義社長の後継者育成機関である「ソフトバンク・アカデミア」に選抜されたことが、大きな転機となりました。

そこでプレゼンした事業提案が孫社長に認められて、事業化するために子会社の社外取締役への就任を命じられたほか、ソフトバンク社内の複数部門のマネジメントも任されるようになったのです。

任された部門の所在地はバラバラですから、ほとんどのメンバーとは同じ場所で仕事をすることができません。その結果、なかば強制的に、リモート・マネジメントの技術を磨かざるをえなくなりました。

しかも、トップは孫社長ですから、スピード感をもって「結果」を出していくことが強く求められます。だから、慣れないリモート・マネジメントでしたが、なんとかするほかありません。それまでの管理職としての経験から学んだ「教訓」を総動員しながら、試行錯誤を繰り返しつつ、私なりのリモート・マネジメントを磨き上げていったのです。

「自由」な管理職が、「創造的」なプロジェクトを生み出す

そして、徐々に、リモート・マネジメントができるようになると、私の目の前には新しい世界が一気に開けていきました。

自由に動き回ることができるようになった私は、ソフトバンク・アカデミアで知り合った「社外の人材」を起点に、どんどんと人脈を拡大。そこから、新しいビジネスの「知見」や「種」を見つけてきて、社内で新規プロジェクトを立ち上げるなど、より創造的な仕事ができるようになっていったのです。

それは、実に面白く、刺激的な経験でした。この時ほど、自分の「能力」が広げられるのを感じたことはありませんでしたし、会社で働く醍醐味《だいごみ》を味わったこともありませんでした。そのような経験をさせてくれたソフトバンクと孫正義社長には感謝の気持ちしかありません。

しかし、その後、私はソフトバンクを退社する決断をしました。

社外人脈を開拓するプロセスで知遇《ちぐう》を得た起業家たちに刺激を受けることで、最終的に「書家」として独立する道を選択したのです。

私は5歳から書道を学び、大学では書道で教員免許を取得しましたが、思うところがあって通信事業にかかわる会社に就職。それ以来、「ビジネスパーソン」と「書家」の二足の草鞋《わらじ》を履いてきましたが、いつしか「書家」として成し遂げたい夢が、抑えられないほど大きく膨らんでいくのを感じるようになっていました。

そこで、当時の私には、ソフトバンクでキャリアを積んでいく「道」も開けていましたし、それもとても魅力的ではありましたが、思い切って「書家」としての活動に人生の軸足を移すことにしたのです。

現在は、全国5ヶ所で書道教室を運営しながら、書家として作品を発表するとともに、30万部を突破した『社内プレゼンの資料作成術』シリーズを刊行するほか、数多くの企業にビジネス・コンサルティングを行う事業を展開。皆様の温かいサポートのおかげで、とても充実した人生を送らせていただいています。

「社外のリソース」とつながることで、私たちは確実に成長する

そして、今、こう思います。

リモート・マネジメントに出会ってなければ、「書家」としての人生はなかっただろう、と。

もしも、**職場に縛り付けられる従来型の「課長1・0」のままでいたら、私は、おそらく「会社人間」として人生を終えていたに違いありません。**それもひとつの生き方ではありますが、「書家」としての夢を追いかけることなく、いつか人生を後悔することになったかもしれません。

リモート・マネジメントによって、自由を手にしたからこそ、それまで知り合うことがなかったような個性的な人物と巡り会い、大きな刺激と影響を受けたことによって、私なりの人生が開けていったのです。

もちろん、私は何も「独立」をおすすめするわけではありませんし、そのために

「課長2・0」を推奨するわけでもありません。すでに触れたように、私自身、社外のリソースとつながることで、ソフトバンク社内での仕事も大幅にバージョン・アップすることができました。

重要なのは、**「課長2・0」によって自由を手にして、社外のリソースと広く深くつながっていく**ことです。そこには、私たちの能力を高め、人生を豊かにしてくれる「出会い」が必ずあります。会社にとどまるか、転職・独立するかにかかわらず、その「出会い」が私たちを大きく成長させてくれるのです。

だからこそ、私は、コロナ禍によって、リモート・マネジメントが一般化しつつある現状を肯定的に捉えたいと考えています。

そして、一人でも多くの管理職の方々に、「課長2・0」を実現していただき、ご自身の「人材価値」を最大化するとともに、充実した人生を切り開いていただきたい。そんな思いで、私なりに磨き上げてきたリモート・マネジメントの手法を一冊にまとめようと思い立ちました。

管理職が頑張らないほうが、マネジメントはうまくいく

もちろん、私にも「答え」が完全にわかっているわけではありません。

現在、全国5ヶ所の書道教室をリモート・マネジメントしていますが、試行錯誤の連続です。今でも、判断に迷ったり、悩んだり、時に小さな失敗もしてしまうのが実情です。リモート・マネジメントは決して容易なものではないと痛感させられる毎日と言ってもいいでしょう。

しかし、だからといって、**リモート・マネジメントは、何か「特別な能力」や「新奇なノウハウ」がなければできないというものではない**と思います（ネット・ツールの使用に習熟したり、ネット上のコミュニケーションに適応するなど、新たに身につけなければならないことはありますが……）。

むしろ大切なのは、「マネジメントとはそもそも何なのか？」という原点をしっかりと見つめ直すことです。そして、マネジメントの「本質」さえつかむことができれ

ば、必ず、リモート環境にも適応することができるようになると確信しています。

リモートワークにおいては、メンバーの行動を細かく管理したり、コントロールしたりするのは不可能です。それよりも、「自走」できるメンバーを育てて、彼らが全力で走れるようにサポートすることが重要です。そもそも、**管理職は「自分の力」ではなく、「メンバーの力」を借りて結果を出すのが仕事。主役はあくまでもメンバーですから、管理職が全面に出て頑張るのは筋が違います。**

むしろ、**イメージすべきなのは「合気道」です。管理職自身は「力」を抜いて、メンバーに上手に「技」をかけて、彼らがうちに秘めている「力」を最大限に引き出す。**そんな仕事ができる人こそが、リモート時代に生き残る「課長2・0」へと進化していくのだと思うのです。

「信頼関係」というインフラのうえで、メンバーの「自走力」を最大化する

そこで、本書では、第1章で「そもそも管理職とは何か？」という、マネジメントの根本を改めて確認するところから書き始めました。

リモート・マネジメントは、メンバーと同じ空間で働くリアル職場でのマネジメントよりも格段に難易度が高いですから、**自らの仕事である「管理」という概念を間違って認識している限り、決してうまくいくことはない**からです。

そのうえで、第2章では、マネジメントをするうえで欠かせないインフラである、メンバーとの「信頼関係」を構築するために必要なことをまとめ、第3章では、そのインフラのうえで、いかに「自走する人材」を育成するか、その方法について解説をしました。

さらに、第4章では、メンバーの「自走力」を最大限に発揮してもらうために欠かせない「意思決定」について考察しました。どんなにメンバーが「自走力」を発揮しようとしても、組織的な「GOサイン」がなければ一歩も前に進めないからです。

そこで、チームにおける最高の意思決定の場である「定例会議」を適切に運営しながら、適時的確な「意思決定」を行うために、管理職がやるべきことを具体的にまとめました。これが適切にできるようになれば、リモート環境下であっても、なかば放っておいても自走するチームができあがるはずです。

そして、第5章では、職場という空間に縛りつけられることなく、自由度高く活動する「課長2・0」のワークスタイルを提示しました。

積極的に社外の人的ネットワークに飛び込んでいけば、そこには必ず、想定を超えた「出会い」が待ち受けています。**社内に閉じこもっていては絶対に手にすることのできない、「セレンディピティ」が与えられる**のです。それは、私たちの仕事と人生に大きな恩恵を与えてくれるに違いありません。

ぜひ、本書をお読みくださった皆様から、ご意見やご批判をお寄せいただき、一緒に議論をしながら、みんなでリモート・マネジメントの可能性を拓いていきたいと願っています。そして、本書が、ひとりでも多くの管理職が可能性に満ちた「未来」を手にする一助になれば、私にとって望外の喜びです。

前田鎌利

課長2・0◉目次

［装　丁］奥定泰之
［編集協力］前田浩弥
［ＤＴＰ］ＮＯＡＨ（本間緑）
［校　正］小倉優子
［編集担当］田中　泰

第1章 そもそも「管理職」とは何か?

The art of remote team management

01

「よい状態」を保つのが管理職の仕事である

なぜ、熱意のある管理職が、「悪循環」にはまってしまうのか?

課長をはじめとする「管理職」の職務とは何か?

これから本書で、リモート・マネジメントについて考えていくうえで、まず、この根本的なことを確認しておきたいと思います。

おそらく、多くの人は「そんな決まりきったことを……」と思われたのではないでしょうか。そのとおり、管理職の「職務」とは、言うまでもなく、「組織目標を達成するために、担当するチームを管理すること」です。これに異論のある人はあまりいないと思います。

でも、「『担当するチームを管理する』というときの『管理』とはどういう意味か？」と改めて問われると、答えるのが意外と難しくないでしょうか？

辞書で調べても、「管理」という言葉は多義的ですし、人によって思い浮かべるイメージもさまざまではないかと思います。**私たちは「管理」という言葉を頻繁《ひんぱん》に使っていますが、その意味内容を深く考えて使っている人は少ないように思うのです**。

私もかつてはそうでした。

しかし、「管理職」として大小さまざまな失敗を繰り返し、「なぜ、うまくいかないのか？」と自問自答するなかで、私なりに「管理」という言葉について考えを巡らせ、認識を深めてきました。

これは、管理職にとって非常に大切なことだと思います。なぜなら、**自らの職務である「管理」という言葉を正しく認識しておかなければ、「管理職」としてどんなに頑張ったとしても、絶対によい結果が得られない**からです。むしろ、頑張れば頑張るほど問題を大きくしてしまうという、「悪循環」にはまりこんでしまうのです。

リモート・ハラスメント（リモハラ）はその典型です。

メンバーがちゃんと働いているかを「監視」するために、常時カメラを稼働させることを義務づけたり、事細かに業務報告をさせたりすることによって、メンバーに威圧感や不快感を与えてしまうのがリモハラですが、実に皮肉なことに、これをやってしまうのは、職務をまっとうしようという熱意をもった「管理職」であろうと想像できます。そうでなければ、「管理職」自身にも重い負荷のかかることをやるはずがないからです。

だけど、「監視」されて嬉しい人など、どこにもいません。

「監視」とは「（メンバーの逸脱行為を）警戒して見守ること」ですから、管理職が自ら「あなたたちは、放っておけばちゃんと仕事をしない」と明言しているようなものです。そのような管理職に対して、心を開き、協力関係を築こうとするメンバーなどいるはずがありません。結果として、**「監視」しようとする管理職は、熱意があれ**

ばあるほど、その職務をまっとうすることができない状況に陥ってしまうわけです。

リモハラが起きる「根本的な理由」とは？

にもかかわらず、なぜ「監視」しようとするのでしょうか？

私は、「管理」という言葉の理解がズレているからではないかと思います。

ある辞書で「管理」という言葉をひくと、「ある規準などから外れないよう、全体を統制すること」と書いてありますが、彼らは、「管理職」の職務をこのようなイメージで捉えているのではないでしょうか。だからこそ、「規準などから外れないよう」にするために、メンバーを「監視」しようとするのだと思うのです。

もちろん、これは辞書に書いてある定義ですから、言葉の意味として間違えているわけではありません。「管理」という言葉には、確かにそういう意味も含まれているのです。だけど、私が思うに、これは主に、「モノ」を管理するときにあてはまる定義ではないでしょうか。

例えば、「品質管理」という言葉における「管理」には、「ある規準などから外れないよう、全体を統制する」という意味がピッタリとあてはまります。そして、「規準から外れた不良品」を生み出さないために、製造ラインを「監視」することは絶対的に重要な職務となるはずです。

しかし、管理職が共に働くメンバーは「モノ」ではありません。

当たり前のことですが、管理職もメンバーも同じ「人間」なのです。にもかかわらず、「モノの管理」と同じような発想で、チームを「管理」しようとしてもうまくいくはずがありません。リモハラの根本には、こうした認識の誤りがあるのではないかと、私は思うのです。

管理職の職務とは、「よい状態を保つ」ことである

では、「管理」という言葉をどう理解すればよいのでしょうか?

私の感覚に近いのは、『広辞苑』に出てくる「良い状態を保つように処置すること」という定義です。「処置する」とは、「状況に応じて適切な手立てを講じる」といった意味合いですから、私なりに噛み砕けば、管理職の職務とは、「組織目標を達成するために、担当するチームが良い状態を保つように、状況に応じて適切な手立てを講じること」ということになります。

ポイントは二つです。

第一に、「チームが規準などから外れないよう」にすることではなく、「チームが良い状態を保つように」することが、管理職の主目的であるということ。そして第二に、その目的を達成するために、管理職は「全体を統制する」のではなく、「状況に応じて適切な手立てを講じる」のが主な職務であるということです。

もちろん、チームを適切に運営するうえでは、法令、社内規定や一般常識から逸脱した行為がないか、管理職はアンテナを立てておく必要はあります。そして、許容できない行為があれば、強制的にそれをやめさせることも必要でしょう。

だから、「規準などから外れないよう、全体を統制する」のも管理職の職務の一部ではありますが、それはあくまで、逸脱行為が発覚した場合などの〝異常事態〟における特殊な対応だと認識すべきでしょう。

そもそも、いくら完璧に「メンバーが規準などから外れないよう」にしたからといって、その結果として「組織目標を達成する」ことができるわけではありません。そうではなく、「チームが良い状態」を保っているからこそ、「組織目標を達成する」ことができるのです。

そう考えると、管理職の「職務」において、「規準などから外れないよう」にすることよりも、「チームが良い状態」を保つことのほうが本質的なテーマであるのは、当たり前のことではないでしょうか。

「統制」しようとするから、管理職は「失敗」する

では、「良い状態」とはどういう状態でしょうか？

メンバー一人ひとりが組織目標を達成することに強い意欲をもち、チームワークを発揮しながら「自走」する状態です。人間がパフォーマンスを最大化させるのは、自身の内発的なモチベーションに突き動かされて仕事に邁進《まいしん》するときですから、そのようなモチベーションを引き出して、チームワークを生み出していくことこそが、管理職の最大の職務なのです。

そして、モチベーションの源は各人の「内面」にしか存在しません。

どんなに強権を発動して、メンバーのモチベーションを「統制（コントロール）」しようとしても、そんなことは不可能。**人間は誰かに強制されて、モチベーションを高めることができるような存在ではありません。**これこそが、「モノの管理」と決定的に異なるポイントなのです。

だから、管理職にできることは、コミュニケーションを通じて、メンバー一人ひとりのモチベーションの在り処を探し当てて、それを最大限に発揮してもらえるように働きかけることだけ。それこそが、各人が置かれた状況に応じて、あるいは、チームが置かれた状況に応じて、「良い状態」を生み出すために「適切な手立てを講じる」ことなのです。

もちろん、そのような状態を生み出すには、それなりの時間と労力はかかります。時には、メンバーを統制して、無理矢理にでも行動させるほうが効率的に思える局面もあるかもしれません。

しかし、一見遠回りのように見えるかもしれませんが、管理職とメンバー各人との間で、そのようなコミュニケーションを成立させて、**メンバーのモチベーションを最大化することができたとき、管理職には絶大なパワーが与えられます。**

強い意欲をもつメンバーが力を合わせることで、管理職がなかば放っておいても組織目標を達成してくれるチームが生まれるからです。「自走力」のあるメンバーたちが事業を引っ張っていくようになるので、管理職はメンバーの仕事に関与する時間と労力を大幅に削減することができるようになります。

その結果、メンバーを管理するために「職場」に縛り付けられる理由がなくなり、リモート・マネジメントも難なく行うことができるようになる。そして、「課長2・

０」が現実のものとなるのです。

このように言うこともできるでしょう。

〝入り口〟を間違えると、絶対に「課長２・０」には行き着かない、と。

「管理」という言葉を、「ある規準などから外れないよう、全体を統制すること」と理解している限り、「課長２・０」に辿りつかないばかりか、リモート環境下では「リモハラ」へと行き着いてしまうことになるでしょう。

そうではなく、「管理」という言葉を「チームが良い状態を保つように、適切な手立てを講じる」と理解するのが、「課長２・０」に至る正しい〝入り口〟なのです。そして、丁寧なコミュニケーションを取りながら、一人ひとりのメンバーの自発性を引き出していくのには、それなりの手間と労力がかかりますが、それは、「課長２・０」を実現するために必要不可欠な「投資」と考えるべきなのです。

The art of remote team management

02

マネジメントの「インフラ」を築き上げる

チームを運営するうえで、
絶対に欠かせない「インフラ」とは?

チームを「良い状態」に保つ——。

これこそが、「管理職」の仕事です。

「良い状態」とは、メンバー一人ひとりが組織目標を達成することに強い意欲をもち、チームワークを発揮しながら「自走」する状態のこと。メンバーが「自走」することが重要なのですから、メンバーに何らかの行動を強制するようなマネジメントは意味がありません。そうではなく、チームが自然とそのような状態になるように、メンバーに働きかけることが管理職の果たすべき役割なのです。

ただし、無闇《むやみ》と「働きかけ」ればいいわけではありません。

管理職の働きかけにメンバーが応じてくれるようにするためには、その前提として不可欠な「インフラ」を構築する必要があります。この「インフラ」を構築することなしに、どんなに一生懸命にメンバーに働きかけても、その努力は虚しく空回りするだけに終わる運命にあるのです。

その「インフラ」とは何か？

言うまでもなく、管理職と個々のメンバーの「信頼関係」です。

平たく言えば、最低でも「この管理職の言うことには耳を傾けよう」と思ってもらえるような関係性のこと。要するに、管理職が「人」として、メンバーに受け入れられるということです。この**「信頼関係」が構築されない限り、あらゆる「働きかけ」は徒労に終わります。**

管理職の言うことを、心のなかで「拒絶」しているのだから当然のことです。もちろん、表面上は、メンバーも「聞いたフリ」をするかもしれませんが、心の中ではそっぽを向いているのです。それでは、本当の意味でチームを機能させることなどできるはずがありません。

「リモハラ」がまさにそうです。

そもそも、管理職がメンバーのことを信頼していないからこそ、やたらと「監視」したり、頻繁にホウレンソウを強要したりするのが「リモハラ」の原因です。**「リモハラ」の根っこには、「不信感」が横たわっている**のです。

そして、これがチームに深刻な悪循環をもたらします。

なぜなら、管理職が自分たちを信頼していないことを感じ取ったメンバーは、当然のごとく管理職に対する「不信感」を深めるからです。そして、メンバーは管理職とのコミュニケーションを極力避けようとするため、管理職がメンバーの状況を把握するのがなおさら難しくなるわけです。

その結果、さらに「監視」を強めようとして、メンバーとの間の「溝」を一層深くしてしまう。これは、マネジメントに不可欠な「インフラ」を自ら叩き壊そうとしているのと同じことだと思います。

リモート・マネジメントによって、管理職の「格差」が明らかになる

逆に、「信頼関係」を築くことができれば、一気に状況は変わります。

特に、リモート環境下では、その効力を強く実感できるはずです。

なぜなら、**「この人なら、何でも相談できる」「この人は、自分の力になってくれる」という信頼感をもてる管理職に対しては、メンバーのほうから積極的にホウレンソウしてくれるようになる**からです。

つまり、管理職がわざわざ「監視」などしなくても、メンバーのほうから自動的に「仕事ぶり」や「置かれている状況」「困りごと」などを知らせてくれるのです。だから、「リモハラ」など起こりようがありません。

リモート環境下では、管理職は〝目隠し〟された状態でマネジメントをすることを強いられますが、**信頼関係という「インフラ」があれば、メンバーがその〝目隠し〟を取り払ってくれる**と言ってもいいでしょう。

むしろ、こう考えるべきかもしれません。

管理職とメンバーが同じ場所で仕事をするリアル・マネジメントにおいては、信頼関係という「インフラ」が脆弱であったとしても、その問題はそれほど先鋭化しなかったのだ、と。

なぜなら、管理職はメンバーの仕事ぶりを目視することができるので、それぞれが「置かれている状況」を把握しやすいからです。そこに「信頼関係」があろうがなかろうが、メンバーの「仕事ぶり」を把握することが可能な環境に恵まれていたと言ってもいいかもしれません。

ところが、リモート・マネジメントでは、その環境が失われてしまいます。

その結果、「信頼関係」を構築できていた管理職と、そうではない管理職の〝格差〟

が白日のもとに晒されます。**リアル・マネジメントでは覆い隠されていた問題が、リモート・マネジメントで露見してしまう**のです。

そして、リモート・マネジメントは、「信頼関係」という「インフラ」なしには成立させるのは不可能。その意味で、リモート・マネジメントは、管理職の力量を測る「試金石」だと言うこともできるのです。

「管理職」がすべてに優先すべき仕事とは？

もちろん、「信頼関係」を築くのは決して簡単なことではありません。それぞれ異なる「人格」「性格」「能力」「経歴」をもつメンバー一人ひとりと、信頼関係を構築するのは、非常に骨の折れることです。

しかも、メンバーとの相性もありますから、関係性を築くのに苦労する相手も必ずいるものです。私自身、特定のメンバーの「不信」を買ってしまったこともあると思います。管理職としてさんざん悩んできたというのが正直なところです。

だけど、この仕事から決しては逃げてはなりません。

むしろ、信頼関係という「インフラ」がなければ、マネジメントそのものが成立しないのですから、すべてに優先して取り組むべき仕事だと考えるべきです。

「短期的な目標」「目先の売上」よりも、メンバーとの「信頼関係」を優先すべきと言ってもいいでしょう。**「目標未達」「売上未達」は、今後の取組み次第で取り返しのつく問題ですが、「信頼関係」は一度傷つくと修復は極めて困難。**逆に、「信頼関係」を構築できれば、結果は自然とついてきます。だから、「信頼関係」をすべてに優先させようと腹をくくったほうがいいと思うのです。

そして、その信頼関係をさらに強固なものに育てていくことができれば、メンバーは「この人と一緒に仕事がしたい」「この人のために頑張ろう」と思ってくれるようにもなります。

ここまで来ることができれば、高いモチベーションをもつメンバーが、管理職を中心に良好なチームワークを発揮して、最高度の機能を発揮してくれるようになります。
これこそが、管理職にとって「最強の武器」となるのです。

The art of remote team management

03

「メンバーを信頼する」と決断する

「メンバーを信頼する」と決断するのが、
管理職の第一歩である

メンバーとの「信頼関係」――。
これが、管理職が仕事をするうえでの「インフラ」となります。特に、リモート・マネジメントでは、この「インフラ」がなければ管理職としてまともに機能することは不可能だと考えておいたほうがいいでしょう。

全員が職場に集まって仕事をする状況であれば、管理職はメンバーの「仕事ぶり」

を目視することができますが、リモート環境下では、それができないからです。メンバーが積極的なホウレンソウをしてくれなければ、管理職は「現場の状況」を把握することができなくなるのです。

そして、メンバーは信頼できない管理職に対しては、ホウレンソウを躊躇《ちゅうちょ》しがちです。特に、「自分がやってしまった失敗」や「トラブルになりそうな案件」については隠そうとさえするでしょう。

それでは、とてもではありませんが、適切なマネジメントを行うことはできません。だから、**メンバーからの信頼を勝ち得ていない管理職にとって、リモート・マネジメントの難易度は異常に高くなる**のです。

では、どうすればメンバーからの信頼を勝ち得ることができるのでしょうか？

このテーマについては、第２章で深く考えていきますが、ここでは、そのすべての前提となるポイントについて説明したいと思います。これを欠いては、何をやったところでメンバーからの信頼は得られないという最重要ポイントです。

それは、「まず、管理職がメンバーを信頼する」ということです。

なぜなら、メンバーは管理職をよく観察していますから、管理職の自分たちに対する「不信感」に敏感に反応するからです。そして、そのような管理職にネガティブな印象をもたれないように、彼らも警戒するようになるでしょう。そこには、疑心暗鬼が渦巻く関係性しか生まれないのです。

もちろん、管理職が信頼をしていたとしても、その信頼を裏切るようなことをしてしまうメンバーがいるのが現実かもしれません。しかし、だからといって、管理職がメンバーの裏切りを警戒しすぎると、「信頼関係」を醸成することは不可能。その結果、マネジメントの「インフラ」を構築することができず、いつまでたっても管理職としてまともに機能することができなくなってしまうのです。

であれば、まず、管理職がメンバーを信頼するほかありません。

メンバーが信頼を裏切るようなことをする可能性も織り込んだうえで、「信頼する」と決断するのです。

「決断する」というと、気遅れする人もいるかもしれませんが、たいしたことではありません。そもそも、メンバーは全員、会社の採用試験で「信頼できる人物である」と判断されたからこそ入社してきた人たちです。会社の判断を信じて、メンバーを信頼すればいいだけの話なのです。

管理職にとってチームとは「家族」である

だから、私は、新しい部署の管理職になったら、メンバーに対して、こう宣言することにしていました。

「みなさんは、自分の家族だと思っています」

これが、最も端的に「私はみなさんを信頼する」ということを伝える言葉だと思うからです。個人主義が尊重される現代において、「職場は家族」ということに違和感をもつ人もいるかもしれませんが、私は、そう言い切ってしまったほうがよいと考えています。

私がそう思うのは、かつて勤めていた会社での経験があるからです。

そこは、典型的な体育会系の会社で、多くの管理職が「根性で売ってこい」とメンバーに〝圧〟をかけるような社風でした。だからこそ、ものすごいスピードで成長していたとも言えますが、成果をあげないメンバーを徹底的に追い込んでいく管理職が多かったために、職場はギスギスして、離職率も非常に高いのが現実でした。

しかも、成果をあげることができず、心が折れて退職していく人が多いだけではなく、腕を磨いて「貴重な戦力」になった人が、よりよい職場をめざして転職していくケースも多かった。だから、心が折れていく人たちを見ながら心が痛むとともに、私には、こんな職場運営を続けていたら、会社の成長もいずれ頭打ちになってしまうとしか思えませんでした。

覚悟をもって「管理職という役割」を演じ切る

それに、大学で教職過程をとった私には、「人材育成」の観点からも強い違和感をもたずにはいられませんでした。

管理職の仕事は、教師がそうであるのと同様に、成果をあげることができない人を、成果を出せるように育成することです。そして、そのために必要なのは、その人を責めて追い詰めることではありません。成果が出ていないことで一番苦しんでいるのは本人であって、その人を責めることには何の意味もない。それはただ、人材を潰しているだけなのです。

それよりも大切なのは、まずは「この管理職は自分を見捨てたりしない」と理解してもらうこと。その信頼感があるからこそ、管理職の指導に耳を傾けてくれるようになり、いずれ成長の糸口をつかむタイミングが訪れる。そして、そのように成長するメンバーが増えることでこそ、組織は持続的に成長していくのです。

だから、管理職になった私は、メンバーたちに「みなさんは、自分の家族だと思っています」と伝えることにしました。

そして、「家族なんだから、遠慮しないでください。家族なんだから、みんなで力を合わせて、一緒にいい仕事をしていきましょう。家族なんだから、何があっても、みなさんを守ります。もちろん、叱るべきときには叱りますが、それはみなさんの成長を願ってのことです」と呼びかけたのです。

もちろん、口で言うだけでメンバーが信じてくれるわけではありません。その言葉に行動が伴って、はじめて「信頼」してもらえるのです。

だから、私は、誤解を恐れずに言えば、管理職の仕事とは「演じる」ことだと思っています。正直にいえば、いい加減な仕事をしてトラブルをこしらえたメンバーに対して、内心で腹を立てたこともありますし、チームの成績が伸びず、上司や周りの管理職から「前田が甘いからだ」と責められたときには、自信が揺らいだこともありました。

だけど、「みなさんは、自分の家族だと思っています」と宣言したからには、メンバーを守り抜き、その成長を願う「家族の長」を、演じ続けなければならないと自分に言い聞かせました。**その覚悟がないのならば、管理職は務まらないし、務めるべきでもない、と腹をくくった**のです。

管理職の「生命線」を見誤ってはならない

少々辛い局面もありました。

あるとき、一人のメンバーが、成績の「数字」をつくるために、社内規定に反する取引をしてしまったことがありました。法令や社内規定などを遵守《じゅんしゅ》すべきことは、日頃からメンバーに徹底していたつもりだったので、正直、裏切られたような気持ちでした。

しかも、信賞必罰《しんしょうひつばつ》を徹底する会社だったため、「管理不行き届き」という理由で、私は即座に降格処分をされました。正直なところショックでしたが、「管理不行き届き」は事実ですから、それも淡々と受け入れるほかありません。

大事なのは、恨みがましいことを言ったり、間違いを犯したメンバーを責めたりするのではなく、そのメンバーを正しく導くことです。だから、彼が「数字をつくるために手段を選ばない」という考えを改めるように厳しくかつ丁寧に指導するとともに、再び前向きに仕事に取り組めるように努力しました。

渦中にあるときは、やはり苦しかったです。

だけど、結果的には、これが非常によかったと思います。

なぜなら、なんとか「家族の長」としての役割を演じ抜いたために、それを見ていたメンバーたちが私に信頼を寄せるようになってくれたからです。なかには、**私の姿勢を意気に感じてくれて、「成績を上げて、前田をなんとかしてやろう」と奮起してくれるメンバーもいました。**

そんなメンバーのおかげで、チームとして好成績を上げることに成功。信賞必罰を徹底する会社でしたから、かなり短期間で私は再び昇格。しかも、そのときには、私とメンバーたちの「信頼関係」もかなり深まっていたため、マネジメントをしやすい状況が生まれていたのです。

だから、それ以降、私は、新しい部署の管理職になると、必ず「みなさんは、私の家族だと思っています」と宣言するようになりました。そして、その役割を演じ続けようと努力してきました。

もちろん、完璧に演ずることができず、メンバーを傷つけてしまったこともあったと思いますが、管理職として大きく間違ったことはしなかったのではないかと思っています。

そして、こう確信しているのです。

管理職として長期的に成果を出すためには、たとえ不利益を被ることがあったとしても、それを甘受してでも「信頼」を守り抜くべきだ、と。一時は苦しい立場に立たされるかもしれませんが、あくまでも「家族の長」としての役割を演じ切るべきなのです。

その姿をメンバーはしっかりと見ています。そして、必ず管理職の「信頼」に応えようとしてくれるに違いありません。それは、「一時の不利益」を大きく上回る「恩恵」をチームにもたらしてくれるのです。

The art of remote team management

04

「念《おも》い」を固めた管理職が強い

管理職が「腹落ち」するまで考えておくべきこととは？

何のために働いているか？

普段、それをあまり意識せずに仕事をしている人も多いかもしれませんが、少なくとも管理職になったときには、必ず、自分なりに「腹落ち」するまで考えておく必要があると、私は思います。

なぜなら、それが自分のなかで明確になっていなければ、管理職としての言動に一貫性のある「軸」のようなものが生まれず、結局のところ、メンバーからの「信頼」

を失う結果を招くからです。

逆に、**「何のために働いているか？」をしっかりと把握して、その目的のために日々、実直に仕事に向き合っている人間に対して、周囲の人は「信頼」と「共感」を覚え、「力を貸してあげよう」と思ってくれる**ものです。それこそが、管理職がメンバーを動かしていく原動力となってくれるのです。

そのことを、初めて実感したのは社会人になってすぐのことです。

その頃、私は毎日毎日、「飛び込み営業」で法人に携帯電話を紹介して回ったのですが、なかなかうまくいきませんでした。勇気を出して飛び込んでも、まともに対応もされずに追い返されるのが大半で、たまに話を聞いてくださる方がいても契約までもっていくことはほとんどできませんでした。厳しいノルマが課せられていましたから、それは非常につらい経験でした。

「なんとかしなければ……」と思って、一生懸命にセールストークを練習して、多少は上手にはなりましたが、それでもさほど売れるようにはなりませんでした。「いったいどうすれば、買っていただけるんだろう……？」と悩むばかりでしたが、そんなある日のこと、思いがけない「出会い」がありました。何度断られても性懲《しょうこ》りも無くやってくる私に興味をもった社長さんが、直々に私の話を聞いてくださったのです。

「飛び込み営業」で学んだ、仕事でいちばん大切なこと

社長を相手に、少々気遅れしながらも、私は、「これはチャンス」とばかりに、売っている携帯電話の機能を必死でプレゼンしようとしました。ところが社長さんは、セールストークを始めようとする私を遮り「それよりも……」と、私に質問を投げかけ始めました。

「出身地はどこか？」

「大学はどこか？」

「学生時代は何をやってたの？」

などなど、矢継ぎ早に質問をされましたが、私が、五歳から書道を習い始め、大学

で書道を学び、教員免許ももっていることに興味をもたれたようでした。そして、こんなことを尋ねられたのです。

「教員免許ももってるのに、どうして携帯電話を売ってるの？」

こんなことを正面切って聞かれたのは初めての経験でしたから、少々面食らいましたが、私は、胸のうちに秘めていた思いを正直にお話ししました。

就職活動を始めるとき、私は、教員になるか、大学院へ進学するかで迷っていました。ところが、ちょうどその頃に阪神・淡路大震災が発生。被災地には、私の生まれ故郷である福井県出身の友人や書道で交流のある関西の大学の書道仲間がたくさん住んでいましたが、その安否を確認することができず、心配で心配でなりませんでした。そして、彼らの両親や家族が、いったいどれほどの心痛を抱えているだろうと思わずにはいられませんでした。

だから、携帯電話を普及させて、どんなときでも大切な人とつながることができる環境をつくりたいと思いました。書道も大切だけど、それは一般企業に勤めながら続けることもできる。だけど、通信にかかわる企業に入らなければ、「どんなときでも大切な人とつながることができる環境」をつくることに貢献することはできない。それで、この仕事に就くことにしたのです。


私の話を聞き終えた社長さんは、こう尋ねました。

「なるほどね。じゃ、なんでウチの会社に営業しに来たの？」

「社員さんに携帯電話を配布したら、外出中でも連絡が取れますから業務上も便利ですし、万一、災害などが起きたときにも、すぐに大切な社員さんたちの安否確認が取れます。社員さんとのつながりを大切にしていただくために、携帯電話をおすすめしようと思いました」

すると、少し間を置いて、社長さんはこうおっしゃいました。

「わかった。君から買うよ」

驚いた私が、思わず「いえ、でも、まだ商品説明も終わっていませんので……」と言うと、即座にそれを否定されました。

「そんなことはどうでもいいんだ。**商品説明は、君がもってきたパンフレットを見れば書いてある。それよりも、君がどういう人間で、なぜ携帯電話を売っているのかと**

いうことが大事なんだ。それは、世界中を探しても、どこにも書いていない。君にしか答えられないことなんだ」

「信頼」されたときに、ものすごいパワーが生まれる

これは、私にとっては衝撃的な出来事でした。

それまで私は、セールストーク（商品説明）を上手にすれば「買っていただける」と思い込んでいましたが、そんなことよりも、「なぜ、自分がその仕事をしているか」「自分はどういう人間か」を伝えることが大切だなどということが、にわかには信じられなかったのです。

しかし、その社長さんは、実際に、携帯電話の契約をかわしてくださいました。しかも、その後も誠実に対応したことで、私という人間を信頼してくださったのか、知り合いの社長さんを次々と紹介してくださいました。そうして、紹介案件がどんどん増えていくのに伴い、私の営業成績もめきめきと伸びていったのです。

今となれば、その社長さんの気持ちがよくわかります。よほど特殊な商品でもない限り、営業マンが売り込んでくる商品に大差があるわけではありません。当時の携帯電話も、各社だいたい似たようなサービス内容でした。だから、「誰から買うか」の決め手となるのは、商品の優劣というよりも、どんな「念《おも》い」をもった人間が売っているかという点にあるのです。

これは、あらゆることに共通することです。

管理職もそう。ある程度の実績を上げてきたことが評価されて管理職になったのですから、ほとんどの管理職はそれなりの能力を備えているはずです。能力的には〝どんぐりの背比べ〟だと思うのです。

だけど、実際には、管理職によってチームの成績や成長力には大きな差が生じます。それには、さまざまな要因があるでしょうが、私が思うに、その最大の要因は、管理職がどんな「念い」をもっているかにあります。

なぜなら、「なぜ、その会社で働いているか」「なぜ、その仕事をするのか」という管理職の「念い」が本物であれば、多くのメンバーが管理職に「信頼」と「共感」を覚えて、力を貸してくれるようになるからです。そのとき、**管理職の「念い」がチームの求心力となり、チームワークが最大限に発揮される状態が生まれる**のだと思うのです。

会社の「企業理念」に、個人的な「念い」を重ねる

だから、私は、新しい部署の管理職になったときには、必ず、「なぜ、その会社で働いているか」「なぜ、その仕事をするのか」を伝えるようにしていました。

ただし、個人的な「念い」を語るだけでは足りません。なぜなら、メンバー全員が共有しているのは、所属する会社の「企業理念」にほかならないからです。ですから、管理職は、会社の「企業理念」に自分の「念い」を重ね合わせることが大切であり、それを言語化してメンバーに伝えることに意味があるのです。

例えば、ソフトバンクの企業理念は「情報革命で人々を幸せに」ですから、同社の

管理職だった頃は、こんなふうに「念い」を伝えていました。

「携帯電話は一般に普及したので、携帯電話の販売会社を退職して、今度は、基地局を増やして電波環境を整備したいと思って通信会社に転職しました。そして、どんなときでも大切な人とつながることができる環境をつくることで、人々を幸せにしたいと思っています」


もちろん、会議でこの話をしても特段の反応があるわけではありません。

むしろ、なかには白々しい表情を露骨に浮かべる人だっています。ある上司には、「俺は、そんなお涙頂戴、大嫌いなんだよね」と、あからさまに嫌悪感を示されたこともあります。だけど、それでいいんです。「企業理念」はメンバー全員が共有すべきものですから、誰も否定することはできません。大事なのは、管理職自身が、その「念い」に忠実であり続けることです。

そして、日々の自分の言動を、その「念い」で律することができれば、いずれ、メンバーたちは、「この管理職は一本スジが通っている」と信頼を寄せてくれるようになります。そして、**ことあるごとに管理職が「念い」を繰り返し伝えることで、メン**

バーは「自分は、企業理念に、どんな『念い』を重ねられるのだろう？」と考え始め**るようになります。これが重要なのです。**

もちろん、各人の「念い」は私のそれとは違いますが、それで全然構いません。それぞれのメンバーが、内発的に「念い」を固めていくことが自発性の源になることが重要なのです。しかも、全員が「企業理念」を共有していますから、チームとして向かうべき方向性はずれません。ここに、**健全なチームワークが生まれる素地が出来上がるの**です。

「思い」「想い」ではなく、「念い」を固める

なお、ここまで「念い」という言葉を使ってきましたが、この言葉に違和感をもつ方も多いかもしれません。普通、「思い」とか「想い」という漢字を使うことが多いので、それも当然のことかと思いますが、これは誤植ではありません。古来から、「思い」とも、「想い」とも、違う意味が込められた言葉として「念い」という言葉は

使われてきたのです。

「思い」の「思」は、「田」と「心」という造形から構成されていますが、この「田」は田畑を指すのではなく、子どもの脳を示すものです。ですから、「思い」には、「頭や心で考えること」という意味合いがあります。

また、「想い」の「想」は、「木」「目」「心」という三つの造形から構成されており、「木」を「目」にして「心」に芽生える感情を表します。つまり、何か対象を見たときに心に宿る感情のことを「想い」という漢字で表現しているのです。

一方、「念い」の「念」は、「今」と「心」という造形から構成されていますから、直訳すれば「今の心」という意味になります。

ただし、「今」という文字の「人」に該当する部分は、フタを意味する造形であることに注意が必要です。つまり、フタをしているから、外から変化させることができない、「強い気持ち」という意味も込められているのです。

ですから、「念い」という言葉には、単に「今の心」という意味ではなく、「すべての言動の根底に一貫している強い気持ち」という意味だと解釈することができます。要するに、「思い」や「想い」よりも、格段に強い「おもい」を「念い」と表現するわけです。

実際、「念」という言葉は、「信念」や「念願」といった、切実な意味をもつ言葉に使われています。「企業理念」にも「念」という文字が使われていることに気づかれた方も多いでしょう。

そして、管理職は、単なる「思い」や「想い」ではなく、それを「念い」になるまで固めていく必要があります。**「すべての言動の根底に一貫している強い気持ち」をもてたときに、はじめて管理職はメンバーに対する求心力をもつことができる**からです。これも、マネジメントのスキルやノウハウを身につける大前提として、しっかりと意識しておくべきことなのです。

The art
of remote team
management

05

管理職は悩んではいけない

管理職が胸に刻むべき「言葉」とは?

「一期一会」という言葉があります。

一般によく知られている言葉ですが、それだけに誤って使われることも多いように感じます。

例えば、「あの人との出会いは、まさに一期一会だった」などと、「一生で一度の奇跡のような出会い」といった意味で使われることがあります。たしかに、「一期」とは「一生」、「一会」とは「一度限りの出会い」という意味ですから、なんとなく正しいように感じるのですが、これは完全な誤用。本来は、むしろ「逆」の意味が込められた言葉なのです。

もともと、「一期一会」は茶道に由来する言葉で、千利休が遺した言葉だと言われています。

そして、「茶会に臨むときには、これまでに何度も招いたことのある客であっても、その機会は二度と繰り返されることのない、一生に一度の出会いであることを心得て、主人・客ともに誠意を尽くす」という心構えを説く言葉なのです。

つまり、「一生に一度の奇跡のような出会い」をありがたがる言葉ではなく、**毎日顔を合わせるような相手であったとしても、「一回一回の出会いを大切にしなさい」と諭す言葉**なのです。茶道に限らず、すべての人が胸に刻むべき言葉ではないかと、私は考えています。

特に、管理職にとって重要なことを示唆しているように思います。

なぜなら、メンバー一人ひとりと「信頼関係」を築くためには、彼らとのコミュニケーションの一つひとつを大切にすることが不可欠だからです。その積み重ねによってしか、「信頼関係」を築くことなどできないのです。

ところが、管理職は多忙なうえに、次から次へとメンバーから相談などをもちかけられますから、気持ちの余裕を失いがちで、ついついぞんざいな対応をしてしまうものです。

しかし、管理職は決して悪意があってそうしているわけではなくても、**メンバーは「軽んじられている」「大切にされていない」と感じて、管理職に対する信頼感を傷つけてしまいます。**だからこそ、私は、管理職は「一期一会」という言葉を胸に刻まなければならないと考えているのです。

いつまでも悩んでいることには、何も意味がない

とはいえ、どんなに「一期一会」という言葉を大切にしていても、管理職も〝ただの人間〟ですから、間違いを避けることはできません。私自身、管理職として間違った対応をしてしまったと思うことはいくつもあります。

職場でメンバーに声をかけられたときに、ついついパソコン画面から目を離さず受

け答えをしてしまうといった「小さな失敗」ならば数え切れないほどありますし、会議中に同席した私の上司に対して、社会人としてあるまじき言葉を投げつけたメンバーを、その場で感情的に叱責してしまったこともあります。そのメンバーとの関係性を修復するのに、かなりの時間を要したのを覚えています。

それに、どうにも相性が悪く、どうやっても噛み合わないメンバーもいるものです。私にも、おそらく自分と相性が合わないことが原因で会社を離れたのではないかと思う人が何人かいます。当時は、そのような結末を迎えてしまったことに自責の念を覚え、かなり長く後悔と懺悔《ざんげ》の思いを引きずったものです。

しかし、あるとき気づきました。

いつまでも悩んでいたって、いつまでも自分を責めていたって、何も生まれません。すでに相手は会社を退職して、新しい人生に踏み出しています。もう終わったことなのです。にもかかわらず、**グズグズと悩んでいたって、元気と自信を失うばかり**です。

それよりも、そのときの反省を胸に刻んだら、新たに気持ちを切り替えて、目の前のメンバーとしっかり向き合い、日々のマネジメントに全力を尽くすべきなのです。

そもそも、マネジメントの経験をいくら積んだとしても、失敗するケースをゼロにはできません。**マネジメントも結局のところは「人間関係」であり、「人間関係」に正解はありません。どんなに気をつけても、何らかの問題が生じるのが「人間関係」なのです。**

そして、「人間関係」において問題が生じたときに、どちらか一方が100%悪いというケースはほぼないと言っていいでしょう。お互いに落ち度があるからこそ問題が発生するのです。私たちにできるのは、自分の落ち度をしっかりと反省をして、それを修正する努力をすることだけです。いつまでも悩んでいることには、何も意味がないのです。

管理職として成長するための「最高の習慣」とは?

ただし、自分を振り返ることは重要です。

失敗をしたから、問題が発生したから、自分を振り返るのではありません（そういうときに振り返るのは当たり前のことです）。**目立った問題もなく、日々が平穏に過ぎていくときでも、日常的に自分を振り返る習慣こそが、管理職には求められているのです。**

その日の出来事を振り返り、「自分の対応は正しかったか？」「なぜ、自分はあのような反応をしたのか？」「あのとき、メンバーは何を思っていただろうか？」「改善すべきことはないか？」などと考える。いわば、「内観」をするわけです。

こうして、自分の言動を客観的に見つめれば、何かしらの気づきは必ずあるものです。それを、日々繰り返すことによって、**自分の言動に微修正を加え続けることが、管理職として成長するうえで決定的に重要だ**と思うのです。

その点、私は少々恵まれていたかもしれません。

というのは、書家というものは、「内観」しなければ書くことができないからです。何か文字を書くときに、それが作品として成立するためには、「なぜ、自分はこの言葉を書こうとしているのか？」ということを深く深く考えることが不可欠です。そして、その文字を書く意味を自分の内面でしっかりとつかんだときにはじめて、「どのような筆遣いで、どのような形で書くのか」が見えてきます。そうしたプロセスを経ずに、見る人を納得させる書を生み出すことは不可能なのです。

このことに気づいたのは大学生のときでしたが、それ以降、私は、年がら年中、「なぜ、書くのか」「自分は何を表現したいのか」と自分と向き合ってきました。いわば、「内観」が習慣化していたのです。

社会人になって、筆をもつ時間が減ってからも、「内観」の習慣は変わらず続きました。私の場合は、毎晩、風呂につかりながら「内観」するのが習慣で、そのときに、**一日を振り返り、「自分のこと」「メンバーのこと」「チームのこと」などに思いを巡らせます。そして、なんらかの反省点を見出し、翌日の行動に結びつける。修正することを決意する。**そのような生活をずっと続けてきたのです。

私は、この習慣にずいぶん助けられてきたと実感しています。

ぜひ、みなさんにも日常生活のなかに取り入れていただきたいと願っています。

最近、つくづく思うのですが、マネジメントには「これで完璧」という最終到達点などはありません。その意味で、「書道」や「柔道」「剣道」のように「道」を究め続ける、まさに「マネジメント道」のようなものだと思います。

その「道」を究めていくためには、日々、自らを振り返り、修正を続ける「内観」の習慣が欠かせません。

いや、**マネジメントにはめざすべき「最終到達点」がないのですから、私たちにできるのは、日々修正を繰り返すことしかありません。**その営みをコツコツと積み重ねることによってしか、「課長２・０」に至ることはできないと思うのです。

第2章

マネジメントの「インフラ」を築く

The art of remote team management

06

メンバーを「知る」ことから始める

チームを確実に崩壊させる
マネージャーの「思考法」とは？

リモートワークになると、「成果主義」を徹底するしかない——。

そういう議論をしばしば見かけるようになりました。たしかに、リモート環境下では、メンバーがどういう仕事の仕方をしているかを、管理職が把握するのは難しくなります。だから、プロセス評価などの要素を削ぎ落として、成果主義による評価一本に絞るべきだという主張にも一理はあるとは思います。

しかし、私は、これはかなり危険な議論だと感じています。

なぜなら、そのような思考法を徹底すると、**メンバーを「人間」としてではなく、「成果を出すための部品」のようにみなすようになる可能性が高いからです。そして、成果を出せない「部品」は取り替えればいい、という思考に陥ってしまう。**そのとき、「人間」の集まりであるはずのチームは確実に崩壊へと向かうと思うのです。

私はかつて、極めて成果主義的な会社に在籍していたことがありますから、その弊害を身をもって体験しました。

「とにかく数字を出さなければいけない」「使えないヤツは切り捨てろ」「社員はリソースなんだから、それで別にかまわない」「また、採用すればいいんだ」。そんな理屈で組織運営を推し進めた結果、職場には疑心暗鬼が渦巻き、殺伐とするばかり。離職率が高止まりして、求人コストばかりがかさむ悪循環に陥っていたのです。

しかも、社員のなかには、「売上を立てればいいんでしょ?」という意識で働く人も増えてきます。そこに、みんなで力を合わせて、より高い価値を生みだそうといった機運など生まれるはずがありません。結局のところ、社員を「人間」として扱わないがために、組織として持続的に成長する土壌を失ってしまったわけです。

だから、リモート環境下であろうがなかろうが、メンバーを「人間」として尊重するのが、マネジメントの鉄則であると私は考えています。

もちろん、社員は成果を上げなければなりません。それには真剣に取り組んでもらわなければならない。だけど、「成果を出して利益貢献しないと、会社は給料を支払うことができなくなる」などということは、誰にだってわかることです。誰だって成果を出したいと思って頑張っているのです。

重要なのは、メンバー全員が成果を上げるために、お互いに助け合い、協力し合う関係性を築き上げることです。そのような土壌があるからこそ、メンバーはモチベーションを維持し、高めることができるのです。

そのために、私は、管理職として「チームは家族です」と伝えてきましたが、それは、「私はみなさんを『人間』として尊重します」「みなさんも、他のメンバーを『人間』として尊重する気持ちを忘れないでください」というメッセージを発したかったからです。それこそが、健全なマネジメントの原点だと確信しているのです。

メンバーを「尊重」するとはどういうことか？

そして、メンバーを「人間」として尊重する第一歩は、メンバーを「知る」ことにほかなりません。

メンバー一人ひとりが、どんな人生を歩んできたか、何が好きで何が嫌いか、どんなことに喜びを感じ、どんな夢をもっているのか……。そうしたことを知り、それに共感できたときにはじめて、メンバーを「人間」として尊重することができるようになるのです。

それを教えてくれたのは、かつての上司でした。

先ほど触れた極端に成果主義的な会社に勤め始めて日が浅い頃のことです。当時、私は営業成績を上げることができず、非常に苦しい状況にありました。その上司にも厳しい叱責を受けて、心が折れそうな思いでいました。

しかし、その上司も、そんな私を心配してくれたのでしょうか。

ある日、私を叱責したあとに、「ところで、お前、休日はちゃんと休んでいるのか？」「どんな趣味があるんだ？」などと、優しい言葉をかけてくれました。そして、いろんなことを聞かれましたが、そのなかに「お前、夢って何？」という質問がありました。私は、「子どもじみてると思われるかな……」と一瞬躊躇しましたが、正直に「ログハウスに住むことです」と答えました。

それから数日後のこと。

その上司が、私のデスクにやってきて、ドサッと資料の束を置きました。「な、なんだ？」とびっくりしましたが、資料に目にやるとさらに驚かされました。なんと、それは、上司がいろいろなところからかき集めてきた、ログハウスのカタログの束だったのです。

管理職が「自己開示」をするから、メンバーは心を開いてくれる

これは、嬉しかった。

辛い時期だっただけに、正直、涙が出るほど嬉しかった。

当時、私は、成果を上げられていなかったために、職場で居場所がありませんでしたが、上司が、そんな私の夢を尊重してくれたことで、自分の存在を認めてくれたような気がしました。そして、私が単純な性格だからかもしれませんが、心の底から「よし、この上司のためにも、もっともっとがんばるぞ！」と思えたのです。

その後、私は、営業のコツを覚えて、成績を伸ばすことができるようになったのですが、その背景には、上司が「お前のことを、一人の人間として応援してるぞ」と励ましてくれたことがあったのです。そして、こんなことが起きたのも、上司が、私のことを「知ろう」としてくれたからなのです。

だから、私は管理職になったときに、メンバーのことを「知る」ための努力をしよ

うと思いました。メンバーが何を考え、何を望んでいるかを知り、それを尊重することを具体的な行動で示すことが、信頼関係を築く礎になると考えたからです。

とはいえ、無理に何かを聞き出そうとしても、簡単には心を開いてはくれません。

だから、まず、管理職である自分が「自己開示」をすることを心がけました。こちらがまず「心の内」を明かすことで、相手も心が開きやすくなるからです。そして、相手の話に素直に耳を傾ける。そんな姿勢を示せば、徐々に、メンバーも心を開いて、いろいろな話をしてくれるようになるのです。

リモート環境下だからこそ、お互いのことを知る「場」をつくる

ただ、ひとつ問題がありました。

私が勤めていた通信業界は変化が激しく、組織編成も短期間で変わってしまうため、ひとつの部署で、メンバーのことを「知る」ために、じっくりと時間をかけることが

できなかったのです。そこで、私は、できるだけ早くメンバーのことを知るために、さまざまな工夫をするようになりました。

なかでも有効だった方法があります。

それは、会議の場で、メンバー一人ひとりに「自己紹介プレゼン」をしてもらうという方法です。**「趣味」「仕事で大切にしていること」「実現したい夢」などのテーマを設定して、一人3分で順繰りにプレゼンしてもらう**わけです。

これが実に面白くて、普段、職場で接しているだけでは知り得ないような話が、次から次へと登場します。そして、それぞれのメンバーが、「どんなことを考えているのか」「どんなことをやりたいと思っているのか」がなんとなくわかってくるとともに、自然と親近感のようなものが生まれてくるのです。

もちろん、プレゼン大会をやったからと言って、いきなりメンバーとの関係性が変わるわけではありません。

しかし、そういう機会を設けなければ、知り得なかったことをインプットできたことで、その後のコミュニケーションに変化が生まれます。メンバーと「1 on 1」ミーティングをするときに、プレゼン大会で発表した内容について、さらに深く教えてもらうこともできますし、かつて私の上司がログハウスのカタログを集めてくれたように、メンバーが喜んでくれるような具体的なアクションを取ることもできます。

しかも、それと同じようなことが、管理職とメンバーの間だけではなく、メンバー同士でも起きます。その結果、メンバー同士の関係性が深まりやすく、より早くチームビルディングができるようにもなるのです。

そして、このような手法は、リモート環境下において、なおさら重要になると考えています。

なぜなら、従来のように、同じ空間に集まって仕事をしていたときには、仕事中のちょっとした雑談や、ランチや飲み会の場で、仕事以外の話をする機会があり、そのプロセスでお互いに知り合うことができましたが、リモート環境下では、そのような機会がほぼ完全に失われるからです。

これを放置すると、メンバーは孤立感を深めるばかりです。

そのうえ、成果主義的なマネジメントに振り切るようなことをすれば、管理職とメンバーの信頼関係を構築するのが困難を極めるとともに、メンバー同士の「同志意識」も希薄になり、チームワークは崩れ去ってしまうに違いありません。その結果、チームとして成果を上げる土壌が失われていってしまう恐れが強いと思うのです。

だから、**リモート環境下において、管理職が強く意識すべきなのは、メンバー同士が「人間」として距離を縮めることができる「場所」をつくること**です。そして、お互いのことを知り合う機会をつくることによって、一人ひとりが「人間」として尊重されていることを実感できるようにすることなのです。

The art of remote team management

07

「ステージゼロ」を大切にする

気軽に話しかけられる「存在」であることが大事

話しかけやすい存在か否か――。

これは、管理職として機能するかどうかを大きく左右するポイントです。メンバーにとって声をかけにくい存在だと思われていれば、ホウレンソウもなかなかしてくれませんし、こちらから話しかけても心を開いてくれません。それでは、マネジメントのしようがないからです。

そのために大切なのは「ステージゼロ」を大切にすることです。

「ステージゼロ」とは、具体的な仕事に入る前段階の、日常的な立ち居振る舞いやコミュニケーションのことを指す私の造語です。

頭の中でどんなに立派なマネジメント戦略を考えていたとしても、この「ステージゼロ」をないがしろにしていては、何も始まりません。日常的な立ち居振る舞いやコミュニケーションを大事にすることで、「話しかけやすい存在」になることこそが、優れたマネジメントを実現する第一歩なのです。

そのために、私は、管理職だった頃、いろいろな工夫をしていました。

例えば、自分のデスクの横に小さな椅子を置いていました。椅子を置くことで、メンバーに「いつでも自分の席に来て話しかけてもいいよ」というメッセージを送っていたのです。そして、メンバーが相談に来てくれたときには、自分の仕事の手を止めて、穏やかな気持ちでしっかりと向き合うように心がけていました。

もちろん、リモート環境下では、自分のそばに椅子を置いても意味はありません。

そこで、メンバーがメールやチャットで話しかけてくれたときに、クイック・リスポンスを徹底することで、「椅子を置く」のと同じ効果を生み出すことができるでしょう。**いつチャットを投げても、管理職からすぐに返事が返ってくれば、メンバーは「いつでも話しかけていいんだ」と思ってくれるはず**だからです。

注意したいのは、テキストによるコミュニケーションには、表情や声音という非言語的情報が抜け落ちてしまいますから、無機質で無愛想な印象をもたれがちということです。ですから、事務的な内容であったとしても、文末に「！」と入れることでポジティブな印象を与えたり、絵文字なども使って「気持ち」を表現することを心がけたほうがいいでしょう。

重要なのは、メンバーが話しかけてくれることを「歓迎」する気持ちを毎回伝えることです。そして、メンバーに「この管理職に話しかけても、不愉快な気持ちにされない」「この管理職に話しかけると、ポジティブな気持ちになれる」といった感覚をもってもらうことができれば、メンバーとの距離は自然と近づいていくはずです。

メンバーに「関心」をもてば、自然と関係性がつくられていく

また、私が心がけていたのは、自分から話しかけることでした。職場を歩くときに、あえていろいろな通路を歩くようにして、まんべんなくメンバーに話しかけるようにしていたのです。

もちろん、かしこまって話しかけるのではありません。そんなことをすると、「業務の進捗確認かな？」などと警戒されるだけですから、**軽い感じで、ほんの一言二言、言葉を交わすだけにとどめます。ほんの一瞬の雑談ですから、「忙しそうだから、話しかけると迷惑かな……」といった遠慮も不要**です。

そんなことをしていたら、いつまでたっても話しかけることができなくなってしまうだけ。そういう遠慮は、チームのためにも、自分やメンバーのためにも百害あって一利なしです。そのためにも、手短かに雑談を終えることを徹底すべきなのです。

ここで活きたのが、飛び込み営業をしていた頃の経験です。

ある会社を訪問したときには、素早くちょっとした変化を見つけて、それを糸口に会話を始める必要があったからです。同じ要領で、メンバーのちょっと変化を見つけて、それに軽く触れてあげるのです。

例えば、デスクにお気に入りのマスコットを置いているメンバーがいれば、「あれ、なんか新しいマスコット増えたね」などと声をかける。髪の毛を切ったメンバーがいれば、「雰囲気変わったね」と声をかけて、「そうなんですよー」と返ってきたら、「すごいいい感じだよ」とニッコリ笑って立ち去る。そんな感じでいいのです。

大事なのは、一人ひとりのメンバーに対して、分け隔てなく関心をもつことです。それを意識していれば、変化が目に入ってきます。それを言葉にして伝えるだけで、メンバーとの関係性には変化が生じます。

いわば、心配りです。慣れないうちは、ぎこちない声がけになってしまうかもしれませんが、メンバー一人ひとりを気にかけることを習慣にすることができれば、自然に声がけができるようになります。

そして、メンバーにも、「この管理職は、自分のことを見てくれている」「自分のことを受け入れてくれている」と思ってもらえるようになり、なんとなく向こうからも心理的距離を近づけようとしてくれるようになるのです。

リモート環境下で広がる「疑心暗鬼」に敏感であれ

問題なのは、リモート環境下では、この「ちょっとした雑談」「ちょっとした触れ合い」が失われることです。

もしかすると、ささいな問題と思う人もいるかもしれませんが、これがマネジメントに及ぼすダメージは想像以上に大きいと考えるべきです。というのは、**リモート環境下ではメンバーの多くが疑心暗鬼に陥る可能性が高い**からです。

例えば、あるメンバーがなんらかのミスを犯したとします。そして、すぐに管理職に報告のうえ、しかるべき対応策を講じて、トラブル・シューティングに成功。管理職は、ミスの再発防止のために必要な指摘をしたうえで、「問題は解決したから、これ以上、このことは気にせず、次の仕事に集中してください」などと、本心からポジティブなメッセージを伝えたとしましょう。

しかし、こうしたコミュニケーションをオンライン上で行うだけでは、心の底から安心できるメンバーは少ないはずです。「上司は口ではそう言うけれど、本心では自分に対する評価を下げてるに違いない」という疑心暗鬼が首をもたげるからです。

私自身、若かった頃はそうでした。

上司と二人でいるときに、どんなに「失敗を気にするな」と優しい言葉をかけられても、それだけで安心することはできませんでした。

それよりも、他のメンバーもいる職場で、それまでと変わりなく、上司に笑顔で声をかけてもらえて、それを周りも温かく見守ってくれることのほうが重要な意味をもちました。上司だけではなく他のメンバーの表情、声音、雰囲気、言葉から、身体全体で「大丈夫だよ」というメッセージを受け取ることが大切なのです。「リアル」に勝るコミュニケーションはないと言ってもいいでしょう。

「まだらリモートワーク」は、チーム内に分断を生み出す

ところが、リモート環境下では、こうした「ちょっとした雑談」がもたらしてくれる大きな恩恵が失われてしまいます。それがマネジメントにもたらすダメージはかなり大きいので、リモート環境下において、いかにこのダメージを小さくするかをよく考えたほうがいいと、私は思っています。

第一に考えられるのは、リアルワークとリモートワークの併用です。仕事そのものはリモートワークだけでも回せる業種・職種であったとしても、それだけに振り切ってしまうと、メンバーとの信頼関係の基盤をつくる「ステージゼロ」がほぼ完全に失われてしまいます。だから、あえて出社する機会を設けて、人為的に「ステージゼロ」の場を設定するわけです。これは、最もシンプルな解決策だと言えます。

ただし、「まだらテレワーク」状態になることには注意をしたほうがよさそうです。「まだらテレワーク」とは、パーソル総合研究所執行役員の髙橋豊氏が『テレワーク時代のマネジメントの教科書』（ダイヤモンド社）で用いた言葉で、「出社組とテレワーク組が混在している状況」を指します。

そして、髙橋氏は、同研究所の調査結果を踏まえて**「『まだらテレワーク』は『全員テレワーク』の場合よりも、孤独感や不安が増大しやすく、マネジメントが難しくなる可能性があります」**と指摘。その理由について、「出社組の間でスピーディに物事が決められたり、同じ会議に出席していてもリアルで出席しているメンバーのみが盛り上がったり……と、テレワーカーが置いてきぼりになってしまう事態が頻発する」からだと推測しています。

これは、非常に説得力のある推測だと思います。

そして、管理職は、チーム内でこのような分断を生み出さないような工夫をする必要があると思います。

例えば、出社するか、自宅勤務するかを、完全にメンバーの自由に任せるのではなく、週に1〜2回は、全員が出社する時間帯を決めるといいでしょう。「定例会議の日は全員出社」というルールを設けてもいいかもしれません。普段は「まだらテレワーク」を認めたとしても、定期的に全員がリアルに顔を合わせる機会を設けることで、分断を緩和することは可能だと考えられます。

オンライン上で「雑談ができる状態」をつくる

もう一つ、妙案があります。

これは、ある企業の現役管理職が実際に行っている取り組みです。そのチームでは、リモートワークを基本としていますが、**週に1〜2回、2〜3時間にわたって、メンバー全員がWeb会議ツールに繋いだ状態で、それぞれの仕事を進める**のです。疑似的な形ではありますが、全員が顔を見合わせながら仕事をする時間を設けるということです。

もちろん、管理職がメンバーを監視するようなことをするのではなく、むしろ、ちょっとした雑談を挟みながら、リラックスした状態で働けるように配慮します。こうした場で、管理職が一人ひとりに冗談混じりで声がけをしたり、メンバー同士が情報交換をしたり、雑談で盛り上がったりするわけです。管理職と一対一でホウレンソウがしたい人がいれば、二人でクローズド・ルームに入って話し合うこともできます。

また、この時間帯に全員で「オンライン・ランチ」を一緒にとることも有効です。例えば、午前10時から12時までは仕事をして、12時から13時まではランチをとるわけです。

「オンライン飲み会」でメンバー間の交流を図ることもできますが、子育て中のメンバーやお酒が好きではないメンバーにとっては、それが負担になることもあります。しかも、「オンライン飲み会」の場合には、「もうすぐ終電だから、これで失礼します」と、途中で抜けることも難しいという難点もあります。

一方、**「オンライン・ランチ」には、そのような問題が少ないため、リモート環境下でもチームワークを維持するのに適しています。**ぜひ、みなさんのチームでも試していただきたいと思います。

もっと簡単な方法もあります。

例えば、定例会議が始まる30分前には、管理職がWeb会議アプリを立ち上げていることをアナウンスして、自由参加による「雑談タイム」を設けるのもいいでしょう。あるいは、定例会議の開始5分前には必ず全員がWeb会議アプリに繋げるルールにして、その5分間で会議に向けてウォーミングアップのために「雑談」する手もあります。

ともあれ、リモート環境下では、メンバーとの信頼関係を築き、チームワークを育てるために不可欠な「ステージゼロ」の場を意図的に作り出す必要があります。一見、仕事の生産性とは無関係に見える、このような取り組みこそが、長期的にはマネジメントの成否を大きく左右することになるのです。

The art
of remote team
management

08

「メンバーのこと」を考える時間をもつ

「仕事」について考えるとは、

「メンバー」について考えることである

【項目07】で「ステージゼロ」の重要性について書きました。

具体的な仕事に入る前段階の「ステージゼロ」の場面で、どのような立ち居振る舞いをしているか、どのようなコミュニケーションをとっているかによって、マネジメントの成否は決まるということです。

例えば、管理職から、すべてのメンバーに対して分け隔てなく声がけをして、心理的な距離を近づけたり、丁寧な受け答えを徹底することによって、メンバーが話しかけやすくしたりといった努力を日常的に継続していくことが非常に大切なのです。

ただ、これらも所詮は「ノウハウ」に過ぎません。

単に、分け隔てなく声をかけたり、丁寧な受け答えをすれば、それだけでメンバーから「信頼」してもらえるようになるわけではありません。そこに「念《おも》い」がこもっていなければ、メンバーはそのことを敏感に察知するでしょう。そして、**表面的な「ノウハウ」をなぞっているだけの管理職に対して、むしろ不信感をもつことになるかもしれません。**

だから、私は、管理職だった頃は、毎朝、メンバーについて考える時間をもつようにしていました。

管理職は、メンバーに動いてもらって結果を出す存在ですから、仕事について考えるということは、仕事を託しているメンバーについて考えることなのだと思います。

仕事を託している相手が、今どのような状態にあって、どのように仕事をしているのかということから、どんな夢をもって、どんなキャリアを望んでいるのかといったことまで親身になって**考えられたときに初めて、そのメンバーにどのように働きかければよいかが見えてくるのです。**

だから、私は毎朝、「今日という一日で、チームとしてどのようなアウトプットを出す必要があるのか？」「そのためにはどういう段取りで進める必要があるのか？」ということを考えるとともに、それぞれの仕事を担当しているメンバー一人ひとりに思いを巡らせるようにしていました。

すでに書いたとおり、私は毎晩、風呂につかりながら、その日一日を振り返り、「自分のこと」「メンバーのこと」「チームのこと」などに思いを巡らす「内観」をすることを習慣にしていましたが、いわば、その続きを毎朝していたのです。昨晩に反省したことを踏まえながら、〝一日の計〟を立てるわけです。

メンバーのことを考えながら、「自分と向き合うこと」が大事

そして、この「内観」では、メンバー全員の顔を思い浮かべながら、最終的には、「今、一番何かを伝えたいと思っているメンバーは誰か？」「そのメンバーに何を伝えたいのか？」ということに思考を収斂《しゅうれん》させるようにしていました。

限られた時間で全員について考えようとしても、思考が散漫になるだけですから、そのときに最も気にかかる誰か一人に絞り込んで掘り下げて考えるほうが実りがあるのです。

ただし、**ここで大事なのは、相手のことを考えながら、「なぜ、自分は今、あのメンバーのことが気になっているのだろうか？」「あのメンバーに何を伝えたいのか？」「なぜ、自分はそれを伝えたいと思っているのだろうか？」などと自分と向き合っていくこと**です。

例えば、Aさんという実績のある中堅メンバーのことが気になっているならば、こんなふうに自問自答を進めます。

「なぜ、彼のことが気になるのだろう？」

「最近、明らかにパフォーマンスが落ちているからだ」

「彼にどんな言葉をかけたいのか？」

「困っていることがあれば教えてほしいと伝えたい」

「なぜ、困っていると思うのか？」

「元気がないように見えるからだ」

「なぜ、元気がないのか？　パフォーマンスが落ちているからか？」

「違うと思う。そう言えば、以前、地方在住の父親が入院したと言っていた。何か心配ごとがあるんじゃないだろうか？」


このように思考が深まっていけば、Aさんにパフォーマンスを上げるように発破《はっぱ》をかけるのではなく、自然なタイミングを見計らって、「悩み事」「心配事」を打ち明けてもらえるようなアプローチをする必要があると思い至ります。

そして、管理職として可能なサポートを申し出れば、Aさんのパフォーマンスを向上させるきっかけをつかめるかもしれません。こうして、自分のとるべきアクションをできるだけ具体的にイメージしていくわけです。

大切なのは、相手を変えようとするのではなく、自分の相手に対する認識を深めて、自分のアクションを変えることによって、状況を変えることです。「内観」をする究極の目的は、あくまでも自分と向き合うことであり、自分を変えることにあるのだと思うのです。

「否定」ではなく「肯定」から、すべては始まる

忘れられない経験があります。

あるとき、私はひとりのメンバーとの関係づくりに苦慮していたことがあります。彼はまだ若くて実績にも乏しく、私が任せた仕事もうまく動かせていませんでした。そこで私は、彼の仕事の進め方を改善してもらおうと、あの手この手でアプローチを続けていました。

ところが、彼は、私の話を一応聞きはするのですが、自分のやり方を改めようとはしませんでした。それどころか、ことあるごとに会社批判を繰り返します。そんな彼

の姿に、私は内心で強い反発を感じていました。あからさまに嫌悪感を示すことは避けていましたが、「自分のことを棚に上げて、会社を批判するなど百年早い」と思っていたのです。

そんなある日、「内観」をしているときにハッとしました。

私は、彼の会社批判を、自分の未熟さに向き合わず、仕事ができないことを会社のせいにする「他責思考」の現れだと考えていました。そして、その「他責思考」を改めさせない限り、彼が成長することはないと決めつけていたのです。

つまり、**私は彼をはなから「否定」していたということ。それでは、彼が私のことを「味方」だと思い、私の言うことに心から耳を傾けようとしないのも当たり前のこと**だと思い至ったのです。

そして、彼の会社批判の内容を改めて思い返しました。

それは若気の至りではありながらも、全くの的外れというわけでもなく、耳を傾けるべき部分もそれなりにあるものでした。

もちろん、管理職としては、メンバーの会社批判に同調することはできません。しかし、見方を変えれば、会社に対する違和感を押し殺し、無難に適応してそつなく仕事をこなすだけの人よりも、彼のほうが会社のことを真剣に考えようとしていると捉えることもできます。

そして、この点を「肯定」することこそが、彼との関係を築く第一歩になるのかもしれないと思いました。彼のことをはなから「否定」していた自分が間違っていたのであり、自分の彼に対する「見方」「考え方」を変えることが、彼を成長させるために必要なのだと考えたのです。

メンバーに「質問」をすることで、自分の「問題」に向き合ってもらう

その後、私は彼との向き合い方を変えていきました。

彼の会社批判・上司批判にも耳を傾ける姿勢を示すとともに、その批判に同調はしないものの、いったん受け止めるようにしました。そのうえで、彼に欠けている「経

営の視点」「株主の視点」「他部署の視点」「取引先の視点」「顧客の視点」などを噛み砕いて伝えて、さらに思考を深めてもらうように促したのです。

例えば、彼が「あの人は何も考えていない。自分のことしか考えていない。適当な仕事をしている」といったことを口にしたら、「どうして考えていないと判断できるのかな？　具体的に教えてくれない？」「どこまで仕事をしたら適当ではないと言えるの？　その基準を教えて？」などと問い返します。

すると、「いや、なんとなくそう思うんですよね……」とか、「私がやっているくらいには一生懸命やるべきだと思うんです」などと苦し紛れに答えますが、明らかに説得力がないことに彼自身も気づきます。**私の質問に答えるなかで、自分の思考が浅いことに向き合い始めるのです。**

ただし、彼を認める発言も必ず付け加えるようにしました。

「君が、この会社をよりよくしたいと思って、一生懸命考えてくれていることを、僕は評価している。ただ、会社を変えていくためには、まず目の前の仕事で結果を出すことが大切だ。そのためにも、一緒にがんばろう」といったことを折りに触れて伝えるようにしたのです。

自分が変わるから、相手との「関係性」が変わる

もちろん、人間関係がすぐに改善するなどということはありません。

でも、それなりに時間はかかりましたが、徐々に彼も頑なに会社批判を繰り返すようなことが減っていくとともに、私の言うことにも素直に耳を傾けてくれるようになっていきました。そして、彼に任せている仕事にも前向きに取り組むようになり、パフォーマンスを上げてくれるようになったのです。

ただし、彼が批判精神を失ったわけではありませんでした。しかし、私が彼に欠けている視点を伝えたことで、彼なりにいろいろ考えてくれたのでしょう。以前よりも「視座」を高めてくれて、より建設的な批判をするようになっていたのです。いや、それは「建設的な批判」ではなく、「建設的な提案」になっていたのです。

その後、彼は、チームにとって貴重な戦力となり、その会社においても一目置かれるような存在へと育っていきました。これは、彼が努力したからにほかなりませんが、少なくとも、私は彼が成長する邪魔をすることはなかったと自負しています。そして、あのとき私が自分を変えようとしなければ、彼を潰してしまっていたかもしれないと思うのです。

メンバーに「伝える」のではなく、「伝わる」ようにする

この経験は、管理職としての私に大きなインパクトを残しました。

メンバーに対して否定的な感情をもってしまうことは誰にでもあるでしょう。しかし、そのときに「変わらなければならないのは自分だ」と思えるかどうか。そして、メンバーの成長を願い、彼らが力を発揮して、幸せな仕事人生を送れるようにするためには、自分の何を変えればいいいかを真摯《しんし》に考える。管理職のこの「念《おも》い」こそが、

本質的な意味での「ステージゼロ」なのだと思うのです。

そのためには、質の高い「内観」を続けることが大切です。

メンバーのことを一人の人間として深く考えることによって、自分のあり方と真摯に向き合う。そして、自分を変えていく。そのような「内観」こそが、管理職を成長させてくれるのです。

その重要性は、リモート環境下においてさらに重要性が増していると思います。

なぜなら、リアルワークのときよりも、メンバーとコミュニケーションをとる機会が減るからです。だからこそ、一つひとつのコミュニケーションの質を高めなければならない。そのためには、**管理職が「言いたいこと」をメンバーに伝えようとするのではなく、「言いたいこと」が自然とメンバーに伝わるように**、自分のあり方を変える必要があるのです。

The art of remote team management

09

管理職は「優秀」でなくてよい

「自分は平凡」と思う人ほど、優れたマネジメントを行う

メンバーより「優秀」でなければならない——。

なかには、そう思い込んでいる管理職もいるようです。そうでなければ、メンバーが付いてきてくれないと考えているからでしょう。**自分が「優秀」であることを証明しようと、メンバーと張り合ったり、〝マウンティングまがい〟のことをしてしまう**のです。

しかし、そんな必要性はまったくありません。

いいえ、むしろ逆効果です。そんなことを考えているからこそ、メンバーの話に耳を傾けるのではなく、「自分の意見」「自分の考え」にこだわったり、それを押し付けようとしたりしてしまうのです。

その結果、管理職に相談しても不愉快な思いをさせられるだけだと思うメンバーは、話しかけることすら避けるようになるでしょう。あるいは、**管理職の指示に反対をすれば、面倒くさいことになるだけだから、形式的に従うフリをしたりするようになる**でしょう。

それは一見したところ、管理職がメンバーを引っ張っているように見えることもあるかもしれませんが、その内実は空虚そのものです。管理職とメンバーの間に「信頼関係」などなく、〝仮面上司〟と〝仮面部下〟の無意味な演技が続いているだけなのです。

だから、私は、管理職は「優秀」でなくてよいと思っています。

むしろ、「自分には平凡な能力しかない。単に管理職という役割をもらっているだけで、みんなのほうが優秀なんだ」という謙虚さをもっている人のほうが、メンバーに力を発揮してもらうためにどうすればよいか一生懸命に考えるので、優れた管理職へと育っていく可能性が高いと思うのです。

謙虚な人を〝舐める〟タイプには、「胆力」に欠ける人物が多い

そもそも、自分より優秀なメンバーがいるのは、管理職にとってはありがたいことです。

そういうメンバーに思いっきり能力を発揮してもらえれば、管理職の能力をはるかに超えたチームをつくりだすことができるはずだからです。そのような相手と張り合うなど愚かしいことで、むしろ、彼らが仕事をしやすいようにサポートするほうが得策です。

しかも、**「自分は優秀だ」と思っている人のほうが、実は、マネジメントがやりや**

すいものです。

なぜなら、「これは難しい仕事だ。君でなければできない」「この難局を乗り切るには、君の力が必要なんだ。助けてほしい」などと頼りにすれば、「その気」になって力を発揮してくれることが多いからです。

ただし、あまり調子に乗せていると、〝舐めた〟態度をとってくる人がいるのも事実です。能力に自信のあるタイプは「鼻っ柱が強い」ことが多いですから、そういう態度に出る確率は高いかもしれません。

でも、これはあまり気にする必要はありません。私も、何度かそんな態度を取られたことがありますが、適当に受け流すようにしていました（内心では「まだ子どもだから、しょうがないな」くらいのことは思いますが……）。

というのは、**謙虚な態度を取る人に対して、〝舐めた〟態度を取るような人物は、たいてい胆力に欠ける**ことを、それまでの経験で知っていたからです。

そういう人物は、偉そうなことを言うわりにはいざというときには何もできなかったり、逃げてしまったりするものなのです。だから、私は、多少、〝舐めた〟態度を取られても、ほとんど気にすることはありませんでした。

自分より「優秀」なメンバーと上手に付き合う方法

むしろ、そこにマネジメントの妙味があると思っています。

なぜなら、そういう「謙虚さ」に欠けるタイプは、生意気な態度が引き金となって、どこかで大きなトラブルを起こす可能性が高いからです。いや、ほぼ確実にトラブルをこしらえると言ってもいいでしょう。

そして、彼らの多くは胆力に欠けますから、自分のこしらえたトラブルに怯《ひる》んで、しかるべき対応が取れないケースが多いのです。

だから、そんなときに、管理職として、しっかりと〝尻拭い〟をしてあげればいいのです。そういうことが何度かあれば、**よほどひねくれた人間でない限り、管理職に**

対する態度を改めるようになります。

そして、自分の能力がまだ十分足りていないことや、「井の中の蛙」だったことに気づいてもらえたりもする。彼らにとっては辛い経験ではあるでしょうが、その結果、もともと仕事はできるうえに、「謙虚さ」という最強の武器も手にしてもらえるとすれば、それは本人にとっても、管理職にとっても望ましいことなのです。

管理職としては、そうして改心したメンバーを気持ちよく受け入れて、「これからも一緒に頑張ろう」と応援してあげればいい。そうすれば、彼らは管理職の強い味方として、大いに力を発揮してくれるようになるはずです。

The art of remote team management

10

「言語化」するのが管理職の仕事

「あれどうなってる?」と管理職が聞いてはならない理由

「あれどうなってる?」

メンバーにこう尋ねた経験のない管理職はいないでしょう。

メンバーに任せた仕事について、いつまでたってもアウトプットが示されないばかりか、進捗報告もない……。それでイライラしたり、不安になったりして、「あれどうなってる?」と尋ねるわけです。

こういう場面では、たいていの管理職はこう思っているはずです。「まったく手がかかる。あのくらいの仕事は3日もあればできるはずだし、間に合わないならそう報告してくるのが当然だろ……」。そして、心の中で、そのメンバーに対する評価を下げているのです。

もちろん、私にもそういう経験があります。

しかし、経験を積むうちに、これは管理職にとって非常に危険なことだと考えるようになりました。

なぜなら、そのような状況に陥ったのは、**メンバーに仕事を頼むときに、いつまでに、どのくらいの精度のアウトプットがほしいのかといった情報を、ちゃんと伝えられていない可能性が高い**からです。

にもかかわらず、一方的にメンバーに対する心証を悪化させているならば、そのメンバーにとっては理不尽そのもの。イライラした様子で「あれどうなってる？」などと聞かれれば、誰だって内心で反発を覚えるものです。そのようなことを繰り返しているようでは、メンバーとの「信頼関係」を築くことなどできないと気づいたのです。

そして、「あれどうなってる？」と言いたくなったり、「いつになったらできるんだ？」「どうして報告してこないんだ？」と不信感を感じたりしたときには、それをメンバーにぶつけてしまう前に、まず自分がちゃんと相手に伝えられているかを確認することを心がけるようになりました。

自分とメンバーとの間に「ギャップ」があることを忘れない

怖いのは、管理職は往々にして、自分とメンバー（特に若いメンバー）の「経験」と「意識」の差に鈍感であることです。

ほとんどの管理職は、一定のビジネス経験を積んでいますから、「この仕事なら、1日もあればできるだろう」といった感覚をもっています。だから、メンバーに対して、ついつい「（難しい仕事じゃないから）〝なるはや〟で頼むわ〜」などというあやふやな頼み方をしてしまうのです。

ところが、経験の少ない若いメンバーの多くは、「なるはや」という言葉を額面どおりに受け取ります。それに、仕事を頼まれたときには、必ず「いつまでに、どの程度の精度で仕上げるのか？」という仕事の要件を確認する習慣も身についていないでしょう。

その結果、「〝なるはや〟ということは、そんなに急いではないんだろう。今やりかけている仕事を終えてから、着手すればいいかな」と、上司に確認することなく自分で判断してしまいます。この時点で、すでに管理職とメンバーの認識に大きなズレが生じてしまうわけです。これでは、仕事がうまくいくはずがありません。

ここで悪いのはメンバーではなく、明らかに管理職です。

自分とメンバーとの間に「ギャップ」があることを認識もせず、自分の感覚であやふやなコミュニケーションを取るのが悪いのです。そもそも、自分と全く同じ感覚をもっている人などどこにもいません。だから、仕事上のコミュニケーションを「あうんの呼吸」で行うのは、単なる甘え。間違いのもとであり、不信を生み出すだけです。

特に管理職は、「仕事の要件」をちゃんと言語化して伝える努力を怠ってはならないのです。

メンバーに仕事を頼むときには、「仕事の締め切り（期限）」「仕事の精度」「中間報告のタイミング」の3点は、最低でも明確に伝えなければなりません。もちろん、一方的に伝えるのではなく、相手が抱えている仕事の状況も確認したうえで、必要であれば調整するのは言うまでもありません。

特に、「中間報告のタイミング」をメンバーと共有するのを忘れるケースが多いので、注意が必要です。

私も経験がありますが、メンバーが締め切り直前にアウトプットをもってきたときに、こちらの意図とはかけ離れたものになっていたときにはどうしようもないからです。結局、私がその仕事を引き取って、徹夜で仕上げたことも何度かありました。

そして、これがさらに問題を生み出します。管理職である私が〝尻拭い〟をするのは当たり前のことかもしれませんが、その結果、そのメンバーは「最終的には上司がカバーしてくれるから」という理由で、仕事の精度をあげる努力をしなくなることがあるからです。結局のところ、メンバーの成長を阻害する結果を招いてしまうということです。

ですから、必ず「中間報告のタイミング」をメンバーと共有したうえで、仕事の方向性が間違っていないかをチェックするプロセスを踏むべきです。そのためには、仕事を頼む段階で、それを明確に言語化して伝えなければならないのです。

リモート環境下でさらに重要になる管理職の「言語化」能力

「言語化」の重要性は、リモート環境下ではさらに高まります。

同じ空間で働いているときには、管理職の「言語化」が多少足りなくても、わからないことや判断に迷うことがあれば、管理職に確認に行ったり、ベテランの先輩に相談することができましたが、リモート環境下では、そうしたコミュニケーションがやりにくくなるからです。

ですから、リモート環境下では、メンバーに仕事を依頼する段階で、「仕事の要件」

をかなり精度高く伝える必要があります。

例えば、役員会にかけるプレゼン資料の作成をメンバーに頼むとしましょう。

このような場合には、意思決定に関わる役員たちに伝える情報の取捨選択をはじめ、つくるべきプレゼン資料のイメージを、かなり詳細までメンバーと共有する必要があります。

ところが、管理職にとっても、あらかじめプレゼン資料の詳細までをイメージするのは難しいものです。

そのため、「社長は絶対にAとBとCの情報がなければGOサインを出さないだろうから、その三つのデータは揃えてください。でも、あの役員はDとかEの情報も要求するかもしれないな……。それに、FとかGの情報を求める役員も出てくるかもしれないしな……。うーん、まぁ、備えあれば憂いなしだから、一応、Zまで用意しておいてもらっていいかな」などというあやふやな話をしてしまうことがあります。

これでは、仕事を頼まれたメンバーは疲弊《ひへい》するばかりです。

膨大な量のデータを収集して、整理して、それをスライドに落とし込んでいく。その作業を、「本当にこんな情報いるのかな？」と疑心暗鬼になりながら、自宅でひとりコツコツとやり続けるのは、ひどく苦痛なことであるはずです。

しかも、プレゼンが終わってみれば、「Cまででよかった」ということがわかったりすると目も当てられません。**そのメンバーは、適当な判断で、過重な仕事を押し付けた上司に対して、強い「不信感」を覚えるに違いありません。**

そのような事態は絶対に避ける必要があります。

そのためには、メンバーに仕事を頼むときに、しっかりと「言語化」することを習慣化するほかありません。「言語化」の重要性を認識して、しっかりと訓練さえ積めば、誰にでもできるようになります。そのとき、メンバーとの信頼関係はさらに厚くなっているに違いありません。

The art
of remote team
management

11

トラブルは「チャンス」である

管理職の命運を
決定づけるのは「これ」だ

メンバーが失敗したり、トラブルを起こしたときにどう対応するか──。

これは、管理職の命運を決定づける極めて重要なポイントです。対応を誤ればメンバーからの信頼を失い、正しく対処できればメンバーからの信頼が厚くなる。そして、その後のチーム運営に決定的な差が生まれるのです。それは、自分が部下だった頃の経験を振り返れば、簡単にわかることだと思います。

今でも、忘れられない上司がいます。

まだ若かった頃に、私が属していた部門を担当していたAさんという役員です。

あるとき、Aさんが壇上でプレゼンをするというので、スクリーンに投影するプレゼン資料の作成を命じられたのですが、当時、私はまだパワーポイントにもほとんど触ったことがありませんでした。だから、見様見真似で必死になって資料を作り上げたのですが、致命的とも言うべき間違いを犯していました。

少しでもリッチな内容に見えるようにしようと思って、ページをめくるたびに大袈裟な効果音が鳴る設定にしていたのです。こんなことは、今なら絶対にしません。ひどく滑稽な演出で、プレゼンの説得力を削ぐ効果しかないからです。

そして、この資料がAさんに恥をかかせてしまうことになりました。

Aさんが誠実な語り口でプレゼンを始めたにもかかわらず、ページをめくるたびに、それをぶち壊しにする効果音が鳴り響くのです。もはや、コントの世界です。しまいに、会場からは失笑が聞こえてきました。それでも、Aさんは苦笑しながら、「なかなか賑やかなプレゼンになってきましたね」とジョークを飛ばして、なんとか最後までやり切ってくださったのです。

私は、その様子を見つめながら、自分の犯した失敗に愕然《がくぜん》とするばかりでした。穴があったら入りたかった。ところが、プレゼンが終わってから、縮み上がるような思いでAさんのところにお詫びをしにいくと、彼は、ニコニコしながら私を労《ねぎら》うばかりで、一言も責めるようなことはおっしゃいませんでした。そして、「また、頼むね」と声をかけてくださったのです。

いま思えば、私が、明らかに自分を責めて憔悴《しょうすい》しきっていたから、あえて苦言を呈する必要がないと判断されたのだろうとは思いますが、あのときの私には、**本当に救われるような思いがしました。**そして、「Aさんに喜んでもらえるように、全力で頑張ろう」と素直に思えたのです。

メンバーとのコミュニケーションを根幹から壊すものとは？

もちろん、このような上司ばかりではありません。

正反対の上司もいました。例えば、Bさんという直属の上司。あるとき、Bさんに連れられて、役員のところに直接プレゼンしに行ったのですが、私の作成した資料に間違いがあることを厳しく指摘されたことがあります。Bさんの指示に沿ってつくり、そのチェックも受けた資料でした。

だけど、Bさんは、「お前は何をやってるんだ?・」と私をなじり、「だから、これじゃダメだと言っただろ?・」と嘘を交えながら、「自分は被害者」という立ち位置を演出しようとしたのです。

こういうのは〝上司あるある〟で、慣れっこになっていましたから、いちいち腹を立てるまでもない出来事ではありります。

だけど、**一度でも、そういう姿を見せた上司に対しては、心のなかで「そういう人**

なんだな……」と見切りをつけざるを得ません。そして、そのような上司が何を言おうが、私の心にはまったく響かない。コミュニケーションが根幹から崩れ去ってしまうわけです。

ビジネスパーソンであれば誰でも、こうした経験をしてきていると思います。

そして、Aさんのような管理職と、Bさんのような管理職の、どちらがマネージャーとしての力を発揮できるかは明らかだと思います。

Aさんのように、メンバーの失敗をカバーしたうえで、励ましてあげる管理職は求心力を身につけますし、Bさんのように、感情的に責め立てたり、ましてや、見苦しく「自己保身」を図ったりすれば、それまで積み上げてきた「信頼関係」というマネジメントのインフラは完全に崩壊します。

このように、メンバーが失敗をしたり、トラブルを起こしたときに、どのように振る舞うかは、まさに管理職としての命運を左右する決定的な瞬間だと考えておく必要があるのです。

「トラブルの芽」が小さいうちに、報告してもらえる関係性を築く

そもそも、そのような局面でメンバーを責め立てることには、まったく合理性がありません。

例えば、メンバーが顧客とトラブルを起こしたときに、メンバーを責め立てたところで何か意味があるでしょうか？　**トラブル対応はスピードが命です。**初動が遅れれば遅れるほど、打ち手がなくなっていきますから、１秒でも早くトラブル・シューティングに取り掛からなければなりません。メンバーを責め立てる時間はムダでしかないのです。

もちろん、問題が発生した原因を特定して、再発防止策をメンバーと共有する必要はありますが、それは、問題が解決したあとに行うこと。それよりも、とにかくすぐにトラブル・シューティングに移行することが大切なのです。

それだけではありません。

メンバーを責め立てるようなことをすると、より深刻な問題を生み出します。

なぜなら、**意味もなく責め立てる管理職の姿を見たメンバーたちは、それ以後、トラブル情報をできるだけ報告するのを避けようとする**からです。

これが大問題を生み出します。どんなに誠実に仕事に取り組んでいても、トラブルは避けがたく発生するものです。重要なのは、トラブルの芽が小さいうちに組織的な対応をとること。ところが、メンバーがトラブルを隠そうとすることによって、水面下でトラブルはどんどん大きくなってしまいます。そして、メンバーが抱えきれなくなったときに、問題は噴出。組織に大きなダメージを与える結果を招くのです。

これは、マネジメントとしては最悪の事態です。いえ、マネジメントが崩壊しているからこそ、このような最悪の事態が発生してしまうというべきでしょう。まさに、**管理職として失格と言わざるを得ない**のです。

だから、私は、メンバーから「ちょっとまずいことがありまして……」などと、ネガティブなホウレンソウをされたときには、冷静に話を聞いたうえで、必ず、「すぐに報告してくれてありがとう」などと礼を言うようにしていました。

そして、状況をしっかりと把握したうえで、メンバーとともに対応策を検討。すぐさまトラブル・シューティングに取り掛かりました。もちろん、**私が担当している部署の問題の最終責任は、すべて管理職である私にありますから、上層部に報告するときにもそのスタンスを徹底します。**

そうして、しっかりとトラブルを解決することができれば、メンバーからの信頼はさらに厚いものになっていますし、「こういう上司であれば、困ったときにはすぐに相談したほうが得だ」と思ってもらえますから、ネガティブ情報もどんどん上がってくるようになります。ますますマネジメントがしやすくなるわけです。

これが、リモート・マネジメントで大きな力を発揮してくれます。

繰り返し述べてきたように、リモート・マネジメントを成立させるためには、メンバーが積極的にホウレンソウをしてくれることが不可欠だからです。そのために最も効果的なのは、メンバーが起こしたトラブルに、管理職が正しく対応すること。その姿をしっかりと見せておくことで、メンバーとの関係性は劇的に深まるのです。その意味で、管理職にとってトラブルはチャンスだというべきなのです。

The art of remote team management

12

管理職として「道」を外れない方法

管理職として、
絶対にやってはならないこととは？

私は「チームは家族だ」と宣言してきました。

そして、「家族だから見捨てたりはしない」と伝えてきました。

しかし、正直に白状すれば、100％それで通してくることができたわけではありません。どんなに我慢に我慢を重ねて、接し方に工夫に工夫を重ねても、どうにも相性が悪い相手もいます。それどころか、私に対して反抗的な態度を取るだけではなく、チームにも非協力的で、目標達成のために積極的に貢献しようともしない。そのまま放置すれば、チームに悪影響を及ぼすようなメンバーもいるのが現実です。

そのような場合には、どうすべきか？

私は、あらゆる努力をしたうえで、どうしようもないのであれば、自分の管理職としての力量不足を認めて、彼らが前向きに仕事ができる部署への異動を考えるのが正しいと考えています。

人間関係というものは、理屈で割り切ることができないもので、どうしても良好な関係性を築くことができない相手はいるものです。その現実を認めて、お互いに袂を分かつのが正しいときもあると思うのです。

ただし、それにもやり方があります。

私は、管理職として未熟だった頃、大きな間違いを犯したことがあります。どんなに努力をしても、私に対して反抗的な態度を取り続けるメンバーを異動させることにしたのですが、腹に据えかねていた私は、人事異動に関する上層部との打ち合わせのときに、「彼にはほとほと手を焼いています。仕事もできないのに、ずいぶん長く面倒をみてきました。だから、もうそろそろ別の部署に異動させてください」というような言い方をしてしまったのです。

私が彼のことで苦労してきたことを知っている直属の上司は、私の発言にも理解を示して、助け舟を出してくれました。そして、希望どおり異動が決まったのですが、これがよくありませんでした。

当たり前のことですが、私がそんな言い方をすれば、彼の異動先の部署の部門長は、「どうして、前田のせいで、そんなヤツを押し付けられなければならないんだ」と受け取ります。その方の私に対する心証が悪くなるのは仕方がないとしても、その方が異動対象となったメンバーに対して「だめなヤツ」「迷惑なヤツ」というレッテルを貼ってしまったことは、私が犯した大失敗でした。

なぜなら、それでは、彼が新しい部署で前向きに働くことなどできるわけがないからです。彼の異動はやむを得ないとしても、**「チームは家族」というのならば、せめて異動先では前向きに仕事ができるような環境をつくってあげる努力をすべきだった**のです。これは、本当に申し訳ないことをしてしまったと、今も後悔しています。

メンバーの「結婚式」で気付かされた「大切なこと」

この失敗は、その後もずっと胸に残り続けました。

そして、もう二度と、あのような失敗を犯してはならないと、自分に言い聞かせてきました。

とはいえ、私はただの〝凡人〟です。相性のいい人もいれば悪い人もいる。好きになる人もいれば、どうしても好きにはなれない人もいる。それが、嘘偽りのない私の実像なのです。だから、どうすれば、あのような失敗を繰り返さないようにできるかと悶々と考え続けていました。

そして、あるとき「答え」がわかりました。

それは、あるメンバーの結婚式に出席したときのことです。

そのメンバーは「会社」と「プライベート」をはっきりと分けるタイプで、やるべきことはしっかりやるけれども、必要以上に上司や同僚との距離を縮めようとはしない人物でした。だから、私も、彼の距離感に合わせて、あまり無理に距離を縮めようとはしていませんでした。

ところが、結婚式で、彼のご両親と言葉を交わさせていただき、ご両親が彼を見つめる眼差しを目の当たりにすると、私のなかの彼に対する気持ちに大きな変化が起きたのです。

その後も、職場での彼との関係性は、相変わらず非常にビジネスライクなものでしたが、私の目には、その彼の背後に、彼のことを大切に思っているご両親の姿が見えます。そして、私が間違いを犯して、彼を不幸にするようなことをしたら、どれほどご両親が悲しまれるだろうと思いました。そんなことは、絶対にしてはならないと強く思えたのです。

リモートワークを導入する会社が、公式にやっておくべきこと

そのときに、思い出したのが、かつて傷つけてしまったメンバーのことです。

もしも、私が彼のご両親と出会う機会があったとしたら、あのような失敗を犯すことはなかったのではないか。彼と袂《たもと》を分かつのはやむを得ないことだとしても、ご両親の気持ちを思えば、彼のその後の幸せを願って、それなりの対応ができたのではないか、と。

だから、それ以降、私は、**メンバーの家族と出会える機会があれば、できる限り、その場に伺うようになりました。**そして、ご両親や配偶者、そして子どもたちと触れ合うようにしたのです。これは、私の管理職としてのメンタリティを養ううえで、非常に大きな意味をもったと思っています。

ただ、これが実は難しい。

なぜなら、こちらからメンバーの家庭に押しかけていくわけにはいかないからです。

結婚式のような機会がなければ、なかなかメンバーのご家族と触れ合えるチャンスは巡ってこないのです。

その点、ソフトバンクはありがたかった。

というのは、私が勤めていた会社がソフトバンクに買収されたのですが、ソフトバンクでは、「ファミリー・デイ」と称して全社員の家族を招くイベントを定期的に開催していたからです。会社が公式にメンバーのご家族と触れ合える機会をつくってくれるのは、本当にありがたいことでした。

私は、こうした取り組みはリモート環境下では、なおさら重要性が高まると考えています。

なぜなら、リモート環境下では、毎日、同じ空間に集まって仕事をしていた頃よりも、管理職とメンバーの心理的な距離が開くことは避けられないからです。だからこそ、**会社としてリモートワークを導入するのならば、意識的に「ファミリー・デイ」のようなイベントを実施することによって、心理的な距離を縮める努力をするべき**だと思うのです。

ちなみに、オンライン会議のときなどに、メンバーのところに小さなお子さんがジャレついてくるようなアクシデントが起きることがありますが、あれは、管理職にとってはメンバーのご家族と触れ合える貴重な機会と捉えた方がいいでしょう。あれは、リモートワークのメリットと言ってもいいことですから、程度問題ではありますが、管理職としては、むしろ歓迎する姿勢を示したほうがいいと私は考えています。

第3章

メンバーの「自走力」を引き出す

The art of remote team management

13

「1 on 1」は相手のための時間である

茶道が教えてくれる「1 on 1」に臨む心構え

リモート・マネジメントに「1 on 1ミーティング」は不可欠です。

ご存知のとおり、「1 on 1」とは、管理職がメンバーの育成やモチベーション向上のために、定期的に行う個人面談のこと。リモート環境下ではメンバーとのコミュニケーションが希薄になりますから、この「1 on 1」で定期的なコミュニケーションを確保することは非常に重要なことだと思います。

「1on1」は単なる業務連絡をするような場ではなく、相手の気持ちに寄り添う繊細なコミュニケーションが求められる場ですから、できれば、非言語的な情報もやりとりできるリアルな場所で、直接向き合って行うのがベストではあります。

とはいえ、リモート環境下ですべての「1on1」をリアルで行うのも無理があるでしょうから、基本的にはWeb会議アプリを使って行い、月に1回程度はリアルの場で行うなどといった工夫をするといいでしょう。

とにかく大切なのは、「1on1」を実施すること。管理職とメンバーのコミュニケーションが希薄になれば、マネジメントなどできるはずがありませんから、**すべての業務のなかで「1on1」の時間を最優先で確保するくらいのつもりでいるべき**だと思います。

ただ、「1on1」を〝やればいい〟というものではありません。

むしろ、メンバーと一対一で向き合うわけですから、下手なことをすればメンバーに嫌悪感を抱かれ、かえって心理的距離を遠ざけてしまうことすらありえますから、十分に注意をする必要があります。

例えば、管理職が、なんとなく偉そうな感じでどかっと椅子に座って、いきなり仕事の話を始めたりしたら、どんなメンバーも「なにか責められるんじゃないか」と身構えて、心を閉ざしてしまうでしょう。それでは、「1on1」は成立しません。

だから、私は、茶道でお茶室に入るときのような意識で「1on1」に臨むようにしていました。お茶室の入り口は非常に狭く作られていますが、それは腰に刀を差したまま入れないようにするためです。つまり、お互いに武器を持たずにお茶室に入ることによって、安心して対話ができる環境を作り出しているわけです。

これは、「1on1」も同じです。

メンバーにとって管理職は人事評価権限という武器をもつ「権力者」であり、一対一で向き合うだけで多少なりとも緊張を強いる存在です。その緊張を解いてもらって、安心して対話をしてもらうためには、管理職のほうから「刀」を置いてこの場に臨んでいることを示す必要があるのです。

そのために、私は、「1on1」の前には心を落ち着ける時間をもって、明るく穏やかな気持ちで向き合うように心がけていました。**「1on1」は管理職のための場ではなく、メンバーのための場**です。あくまで仕事の一環ですから、心地よい緊張感は必要ですが、メンバーがなんでも安心して話せるような、ニュートラルな雰囲気をつくることを意識しなければならないのです。

「聞いたら答えてくれる」と考えるのは、単なる管理職の甘えである

「1on1」の主役はメンバーです。

管理職が言いたいことを言う場ではなく、メンバーが心のうちに秘めている思いを話してもらう場なのです。そして、そのメンバーの思いに寄り添いながら、彼らのモチベーションを高め、成長をサポートする手立てを見出していくことが求められているのです。

とは言っても、「最近、どう？」「元気？」「なんか悩みある？」などと一方的に聞

いても、メンバーが心を開いてくれるとは思えません。信頼関係ができていないのに、そんな聞き方をして、本音で悩みを打ち明けてくれることを期待するのは、管理職の甘えにすぎません。

聞きたいことを聞くのが管理職の仕事ではなく、本人が話したいことを話せるようにするのが管理職の仕事なのです。そもそも、**メンバーは悩みを打ち明ける義務などありません。聞いたら答えてくれると期待するのは、管理職の単なる傲慢にすぎない**のです。

だから、私はまず、自分のことを打ち明けるようにしていました。

話題にするのは、日常の話が7割、重たい話が3割くらいのバランスがよいと思います。10回の「1on1」で7回は、「昨日こんな本を読んで、こんなふうに思ったんだよ」「先週見た映画が……」「○○の新曲の歌詞がいいよね？　特に△△の部分とか……」といった話題を持ち出して、自分の意見や感想を伝えてみるイメージです。

軽い話題のほうが相手も話に乗りやすいですし、そうした身近な事柄に対してどう思うかを伝えることで、自分の価値観などを理解してもらうきっかけにすることもできます。

「聞き出そう」とするから、メンバーは心を閉ざす

そして、10回に3回くらいは、少々重たい話もしてみるといいでしょう。

「自分はこんな思いでこの会社に転職した」「管理職としてこんなチームにしたいと思っている」「こんな悩みをもっている」など、「1on1」のような場でなければ、普段はなかなか話さないようなことを手短かに話すのです。

反応は人それぞれです。

「そうですか。管理職もいろいろあるんですね。いや、実は、私もですね……」などと内心を打ち明けてくれる人もいれば、特段の反応を示さない人もいます。それでいいのです。そこで、**「君は何かない？」などと要求しても、相手は押し付けがましいと思うだけ**です。

そんなときには、「これから一緒に仕事をやっていくうえで、お互いのことを知っておいたほうがやりやすいと思うから、少なくとも、僕のことを知っておいてもらえるとありがたいと思ってるんだ。聞いてくれてありがとう」と遠慮がちに付け加えるようにしていました。

大事なのは聞き出そうとしないことです。

それよりも、「こんな話を自分にしてくれるということは、自分のことを信頼してくれてるってことかな」と思ってもらうことに意味があります。そして、相手も信頼感を持ってもらえるようになれば、いずれ心に秘めている思いを打ち明けてみようと思ってくれるはずです。**その時が来るのを、待てばいい**のです。

焦らずに「待つ」のが、マネジメントの要諦

自分とメンバーの「共通点」を探すことも重要です。

相手との距離を近づけるコツは、とにかく共通点を見つけること。経験のある仕事や職種でも、趣味やスポーツでも、美味しい食事でもなんでもいいので、**お互いに深く話せる「共通の話題」を見つけることができれば、一気に距離を近づけることができます。**

そのためには、それぞれのメンバーについて知る努力をすることです。ここで活きるのが【項目06】でお伝えしたメンバーの自己紹介プレゼンです。あるいは、その人と親しい人に、さりげなく聞いて教えてもらってもいいですし、本人に直接聞いてもいいでしょう。

そして、なんらかの「共通点」を見つけたら、それを「1 on 1」のなかで話題にしてみるといいでしょう。その話題でひとしきり盛り上がることができれば、精神的な距離感はグッと縮まっているはずです。

あるいは、相手の好きなものを尋ねるのも効果的です。

誰だって、自分が好きなものについては積極的に話したくなるからです。

例えば、ハンバーガーが大好きなメンバーに、「どこのハンバーガーがおいしいか教えてよ」と頼めば、ここぞとばかりに話してくれるはずです。その話にしっかりと耳を傾ければ、相手も気持ちよく話してくれるでしょう。そして、**好きなことをテンション高く話した後には、そのテンションに引っ張られて、仕事も頑張ったりするもの**なのです。

その後、教えてもらったハンバーガーショップに実際に行ってみて、次回の「1on1」などで「すっごいおいしかったよ！」などと話題にすれば、彼は私に対する親近感を深めてくれるでしょう。そして、「今度、一緒に食べに行こうよ」という話にも発展していきます。こうして少しずつ歩み寄っていけば、自然とメンバーたちも心を開いてくれるようになるのです。

それまでは、焦らないことです。

「1on1」をやっても、すぐには心を開いてくれないのは当たり前のこと。相手に対してリスペクトをもちながら、こちらから心を開き、歩み寄る姿勢を見せれば、多少の時間はかかっても、必ず、心を開いてくれるようになります。それまで、待てるかどうかが、管理職に問われているのです。

The art of remote team management

14

メンバーの「適性」に気づかせる

「困っていること」を、言いやすい状態をつくる

「1 on 1」を機能させるためには、メンバーに心を開いてもらう必要があります。

そのためには、前項で説明したように、あまり焦らずに心理的な距離を縮めて、安心感をもってもらうまで、「待つ」ことが大切です。そして、「1 on 1」の場は、あくまでも管理職がメンバーをサポートするために設けられるもので、決して、何かを責めたりするような場ではないことを実感してもらう必要があります。

ただし、もちろん、心を開いてもらうことが目的ではありません。当たり前のことですが、仕事について話し合って、建設的なアクションに結びつけていくことが目的です。だから、メンバーの警戒心が解けてきたと思えたら、少しずつ仕事に関する話題に踏み込んでいかなければなりません。

とはいえ、いきなり「君がいまやっている仕事、うまくいってる？」「何か問題は起きてないかな？」などとあけすけに問いかけると、再び防御的なスタンスに立ち戻ってしまうものです。

そこで私は、そのメンバーが業務上のことで悩んでいるんじゃないかというポイントについて、それを匂わせるような話をするようにしていました。

例えば、他部署の知人から、そのメンバーがかかわっている社内横断的なプロジェクトが、部署間の対立で少々揉めているらしいと聞いたとします。私としては、メンバーがその当事者として苦慮していることがあれば、サポートに入ってあげたいと考えていますが、あまり〝土足で踏み込む〟ようなこともしたくない。そんなときには、「例のプロジェクト、頑張ってくれてますね。どう？　あのプロジェクトの仕事って楽しい?」というふうに話題を振ってみるのです。

「悩み」に応えることで、「信頼関係」を強固にする

この**「楽しい?」という質問はなかなか有効**です。

「うまくいってる?」とか「順調?」という聞き方をすると、「進捗確認」をされているように受け取られて、メンバーの口が重くなることがありますが、「楽しい?」と聞かれたら、そのような警戒心を抱かれない確率が高いからです。

もちろん、反応の仕方は人それぞれです。

もともと不平不満の多いタイプの人は、「楽しい?」と聞かれると、すぐに「楽しくないですね」と応えることが多いですし、真面目なタイプの人は、不満を口にしたくないからか、「まぁ、楽しいですね」と応える傾向が強いように思います。

でも、ここで**注目すべきなのは、「言葉」ではなく「表情」**です。言葉では「まぁ、

楽しいですね」と言いながらも、表情を一瞬曇らせることがあります。そのような場合には、その仕事に「何か問題がある」と察することができるわけです。

そのときには、さらに具体的な話を振ってみます。

例えば、「この間、たまたまあのプロジェクトの議事録を読んでたら、◯◯部の△△さんが××と言ってたね。あれを言ったら、反発する部署もありそうだよね？」などと聞いてみます。

すると、「そうなんですよね。実は……」と実情を打ち明けてくれることもあり、そこから、自然な形で、私がそのプロジェクトに関わっていくことで、そのメンバーをサポートすることができたりします。あるいは、そのメンバーがプロジェクトから外してほしいようであれば、別のメンバーと交代させるという対応を取ることもできるでしょう。

このように、できるだけ自然な形で、メンバーの「困りごと」や「悩み」を打ち明けてもらい、それを解消するために具体的なアクションを起こすことが重要です。もちろん、アクションを起こしても、結果的に「悩み」の解消に結びつかないこともあるでしょうが、**メンバーにとっては、「自分のために管理職が汗をかいてくれた」というだけでも嬉しい**ものです（ただし、メンバーを喜ばせるために、〝できない約束〟をしてはいけません。結果的に信頼を失うだけです）。

そして、「あの人に相談したら、なんとかしてくれる」という信頼を勝ち得ることができれば、こちらが探りを入れなくても、メンバーのほうから積極的に「悩み」を打ち明けてくれるようになります。ここまでくれば、「1on1」は完全に軌道に乗ったと言えるでしょう。

メンバーが「自分の適性」に気づくチャンスを与える

こうして、日常的な業務について、「1on1」で問題解決ができるようになったら、メンバー一人ひとりの中長期的なキャリアなどについても、実りのある話し合いができるようになっているはずです。

例えば、こんなことがありました。

私が、高く評価している女性メンバーに対して「君は、仕事も的確だし、何より周囲への気配りができるのが素晴らしいと思っている。将来、管理職になってほしいと思ってるんだけど、どうかな?」ともちかけたことがあります。

ところが、彼女は「お気持ちはありがたいんですが、私は、人の上に立つのが苦手なんです。ずっと現場で仕事がしたいと思っています」と頑なに拒否します。無理強いしても仕方がないので、「そうか……、残念だな」と言って、その場は引き下がるほかありませんでした。

だけど、私に言わせれば、「人の上に立つのが苦手」という彼女の性格こそが、管理職候補として魅力的な部分でした。そういう性格だからこそ、**管理職になっても思い上がったりせず、メンバーと同じ目線で丁寧なコミュニケーションができる**と思うからです。

そこで、私は、ちょっとしたプロジェクトを立ち上げて、そのリーダーを彼女に任せてみることにしました。リーダーとしての経験をしてもらうことで、彼女が「自分の適性」に気づけるかもしれないと考えたからです。そして、経験の浅い若手社員をプロジェクト・メンバーにつけて、彼女に面倒をみてもらうことにしたのです。

しばらくの間、彼女との「1 on 1」では、そのプロジェクトに関する話題ばかりでした。彼女は、プロジェクト・メンバーにどうやって動いてもらえばいいのかわからないようで、しきりと私にアドバイスを求めてきました。それに対応しながら、私は彼女の様子をじっと観察。そして、悩みながらも、若いメンバーが成長するプロセスに明らかに喜びを覚えているのを感じ取っていました。

そして、プロジェクトが無事完了したときのことです。

彼女との「1 on 1」で、私は、「どう？　このプロジェクト、楽しかった？」と問いかけました。すると、彼女は、満面の笑みを浮かべながら、「そうですね。たいへんでしたけど、あの子が頑張ってくれたおかげで、とっても楽しかったですね」と応えてくれました。

ここで私は「でしょ？　やっぱり、君は人を育てるのが好きなんだよ。管理職に向いてると思うよ」と言いました。すると、彼女は「いえいえ」と言いながらも、「たしかにそうかも」という表情を浮かべていました。そして、その後、彼女は管理職候補としての自覚を育てていってくれたのです。

このように、**人は「自分の適性」に気づいていないことが多い**ものです。それを、「1 on 1」でのコミュニケーションを通じて、気づかせていくのも管理職の重要な役割だと思います。

しかも、こうして成長していったメンバーたちは、まるで私の「右腕」や「左腕」のように頼りになる存在になってくれます。そして、私は現場を彼らに任せることによって、管理職でありながら、職場に縛られることなく、自由な活動ができる「課長2・0」へとステップアップすることができるようになったのです。

The art of remote team management

15

メンバーに「失敗する権利」を与える

「失敗」から学ぶことで、「自走力」が身につく

人の成長に「失敗する経験」は欠かせません。

たくさんの本を読むことよりも、一回の失敗をすることのほうが、より深い学びを得ることができるものです。

いや、失敗をしたときに、初めて本で読んだことが身に染みて理解できるようになると言うべきでしょう。失敗には痛みが伴うからこそ、その痛みを繰り返さないために、人は本気になって自分を振り返り、改善策を考えるようになるからです。

だから、**管理職は、メンバーから「失敗する権利」を奪ってはならない**と思います。

メンバーの失敗を責めるなど論外。むしろ、そのメンバーが耐えられる失敗の範囲を見極めたうえで、あえて失敗する可能性があるチャレンジをさせることが大切なのです。

そのチャレンジがうまくいけば自信につながるし、失敗すればそこから「気づき」が得られる。そのように、自らの力で成長することができる環境を用意してあげるのが、メンバーの「自走力」を養うために、管理職が果たすべき重要な役割だと思うのです。

例えば、私は、実力をつけてきたメンバーには、積極的に会社の役員などの上層部に直接プレゼンしてもらう機会を与えるようにしていました。

役員に対して一対一でプレゼンするときの緊張感を味わってもらうとともに、そこでどのような指摘がされるかを経験することで、会社における意思決定がどのようにされているかを肌で学んでもらうためです。もちろん、失敗することも織り込んだうえで、メンバーを役員のところに連れていくわけです。

管理職が「答え」を言ってはならない理由

そして、たいていのメンバーは程度の差こそあれ、失敗経験をします。

ある時期、私の属する部門を統括していた専務が、非常に数字に厳しい方だったことがあります。その方に対して、何人かのメンバーが直接プレゼンさせたことがあるのですが、ほとんどのメンバーが数字の不備を指摘され、ときには強く叱責されるようなこともありました。そして、その失敗への向き合い方は人それぞれ。その個性に応じて、管理職は「気づき」を促す必要があるのです。

あるメンバーは、専務に「数字の間違い」を厳しく叱責されたときに、即座に自分のミスを認め、「申し訳ありませんでした。やり直して、改めてご提案いたします」と引き下がりました。もちろん私も、「私の確認が足りなかったせいです。申し訳ありませんでした」とお詫びをして、部屋を出ました。

大事なのは、そのあとです。ここで、「会社の意思決定は重いんだ。ささいな数字の間違いがあるだけで、そのプレゼンの信頼性が損なわれる。今後は、十分気をつけるように」などと、**管理職が「ああせえ、こうせえ」と「答え」を押し付けるのはよくありません。大事なのは、メンバーが自分の力で「答え」に辿りつくこと。だからこそ、その「答え」が自分のものになるのです。**

そこで、管理職は「質問」をします。

あのときも、私は、「専務はやっぱり数字に厳しいなぁ……」などと苦笑いしながら、「どうすればいいと思う？」と尋ねました。すると、そのメンバーはしばらく考えてから、こんなことを言いました。

「僕自身が数字に気を付けるのは当然ですが、やっぱりトリプルチェックですかね。今回は、一緒にこの仕事を進めたＡさんと僕のダブルチェックで済ませてしまいましたが、前田さんとか第三者のチェックも受けて、上の方にプレゼンするときはトリプルチェックをしたほうがいいですね。前田さんには負担をかけますが、よろしくお願いします」

「そうだね。メンバーの数字をチェックするのも僕の仕事だから、もちろんやるよ。でも、チェックする人を増やすと時間がかかるね？」

「たしかにそうですね。トリプルチェックをしてもらうためには、仕事のスケジュールも少し前倒しにしないといけませんね」

このように、**管理職が「質問↓同意↓質問」を繰り返すことで、メンバーの「気づき」を深めることが大切**です。その「気づき」は、誰かに押し付けられたものではなく、自らの力でつかみ取ったものですから、その後の「実行力」が違います。そのためにも、管理職が「答え」を与えてはならないのです。

メンバーが自分の力で、
「答え」に辿りつけるようにする

ただし、上手に失敗を受け入れられない人もいます。

別のメンバーが、その専務に「数字の間違い」を指摘されたときに、抗弁をしようとしたことがあります。指摘された数字が、プレゼンの本筋とはあまり関係のないものだったからです。もちろん、専務はみるみる不機嫌な表情に変わっていきました。

そこで私は、抗弁するメンバーをすぐに制止。「私の確認が足りなかったせいです。申し訳ございませんでした」と専務にお詫びをして、メンバーを促してすぐに部屋から立ち去りました。

ただ、彼は納得がいかない様子でした。「本題とあまり関係のない数字なのに、どうして、専務はあそこまでこだわるんですか？　ちょっと理解できないですよ」と不満を漏らすばかりで、なかなか失敗と向き合えません。

このようなときには、ちょっとしたヒントを出すことを意識します。

やり方はいろいろありますが、私がよく使ったのは**「相手の立場に立って考えてみる」ように促す**という方法です。

例えば、「もし君が専務だったとして、部下が出してきた資料に数字の間違いを見つけたら、どんな気持ちになるかな？　その資料のことを信頼できるかな？」などと尋ねるのです。すると、「ひとつでも数字の間違いがあったら、他の数字も疑わしく思えてきますよね。専務となると責任重大だから、そのような資料は受け入れられないですよね」などと思考を進めてくれることがあるのです。

ただ、あのときのメンバーは頑なでした。

「もし君が専務だったとして……」という投げかけをしても、「そんなこと言われたって、僕は専務じゃないですから、そんなのわからないですよ」などと言うばかり。

そんなときには、次のような感じで、もっと**身近なところに話を置き換えることで、「自分事」にしてもらえるようにします。**

「じゃあさ、君はハンバーガーが好きだって言ってたけど、ハンバーガーの中に髪の毛が入っていたらどう思う？」

「そんなの絶対に食べたくないし、そんなお店には二度と行かないですよ」

「でもさ、いくつか注文したなかで、一個だけしか入ってなかったんだよ？」

「一個だけでも、いやですね」

「だよね？　さっきの専務も、それと一緒じゃないかな？」

すると、頑なだった彼も「そうか……、自分がさっきやったのは、そういうことだったのか」と気づき始めます。そして、自分の失敗を受け入れることさえできれば、自然と改善に向けた努力を始めてくれるのです。

このように、**管理職はヒントを与えることによって、メンバーを「気づき」の近くまで連れて行ってあげる工夫をするといいでしょう。そして、最後の最後は、本人の力で「気づき」をつかみ取れるようにサポートする**のです。管理職に、このようなコミュニケーション・スキルがあれば、メンバーは「失敗」を糧にどんどん成長していってくれるようになるのです。

The art of remote team management

16

「報告＋ネクストステップ」を徹底する

事実を伝えるだけでは、
「報告」したことにはならない

メンバーから積極的にホウレンソウされる存在になる――。

これが、リモート・マネジメントの成否を左右する決定的に重要なポイントであることは、本書で繰り返し述べてきたとおりです。ただし、単にホウレンソウがされればよいわけではありません。重要なのは、メンバーに、どのような内容のホウレンソウをしてもらうかなのです。

話をわかりやすくするために、ここでは「報告」について考えましょう。「報告」という言葉を辞書で調べると、「任務をとげたのち、その状況や結果を述べること」などと書かれているように、一般的に「状況や結果」という事実を伝えれば報告は完了と理解されていると思います。

しかし、私は、これだけでは不十分だと考えています。

本来、「ネクストステップ」が示されない〝報告〟は「報告」と呼ぶに値しないと思うのです。「ネクストステップ」とは、報告内容を受けて、「これからどうするのか？」を提案することです。つまり、**「報告＋ネクストステップ」が示されて、はじめて「報告された」と認識すべき**なのです。

私がこれを教わったのは、新社会人として右も左もわからないまま働き出した頃のことです。営業担当として必死で走り回っていたのですが、ある月の売上目標未達が確定したときに、上司に正直に「〇〇円の売上未達となりました。申し訳ありません」と〝報告〟したのです。その瞬間、上司はクールにこう切り返しました。

上司「未達か。で、どうするの？」
私「あ、はい。来月は必ず達成するように頑張ります！」
上司「どうやって？」
私「……」
上司「今月ショートした分はどうするの？」
私「……」

要するに、私は何も考えていなかったのです。
ただ、悪い情報でも正直に上司に〝報告〟し、謝罪をする。そして、「次は頑張る」と意欲を見せれば、許してもらえると思っていたのです。結局のところ、「来月以降、どうやって挽回するか」を真剣に考えていなかったということです。

もちろん、目標未達を謝罪する気持ちは組織人として必要だとは思いますが、謝罪したからといって状況が改善するわけでもありませんし、意欲があるのは結果を出す

必要条件ではあっても十分条件にはなりえません。それを上司に伝えることには、本質的な意味は何もないのです。

だからこそ、その上司は、私の謝罪や意気込みは完全に黙殺したのです。そして、私を責めるわけでもなく、ただただクールに「で、どうするの？」という問いを私にぶつけてくれたのです。いま思い出しても、少々恥ずかしくなりますが、仕事をするうえで極めて重要なことを教えていただいたと、深く感謝しています。

「ネクストステップ」を自分の頭で考えてもらう

だから、私はそれ以降、上司に「報告」するときには、必ず「ネクストステップ」を付け加えるようにしましたし、管理職になってからは、メンバーにそれを求め続けました。「ネクストステップ」のない〝報告〟をされるたびに、ちょっとうるさいくらいに指摘し続けたたのです。

なぜなら、それでは「自走する人材」に育たないからです。

「自走する人材」に育つために、第一に求められるのは、「自分の頭で考えること」です。ところが、**単に事実を〝報告〟して、あとは上司の指示を待つというスタンスを許してしまうと、「自分の頭で考える」というトレーニングをする絶好の機会を奪ってしまう**ことになるわけです。

だから、管理職は簡単に「指示」を出すのではなく、メンバーに対して「自分の頭で考える」ように促す必要があります。

先ほどの例で言えば、重要なのは、「目標未達」という結果の原因を分析したうえで、翌月に目標達成するために「どうするのか？」＝「ネクストステップ（対策）」をメンバーに自分の頭で考えさせるのです。

もちろん、未熟なメンバーが示す「対策」は不十分なケースが多いでしょう。そのような場合には、「スケジュール」「リソース」「実現可能性」「効果予測」などの観点から、**管理職が質問をすることによって、メンバー自身の思考を深めて、「対策」の**

精度を高めてもらいます。管理職が「指示」＝「答え」を与えてしまうのではなく、自らの頭で「対策」＝「答え」を見出してもらうように働きかけるのです。

ステップ・バイ・ステップで、「思考のプロセス」を学んでもらう

これは、「連絡」や「相談」のときも同様です。

メンバーから連絡があった場合にも「で、どうする？」、相談があった場合にも「君はどうすべきだと思うの？」「どうしたいの？」と尋ねる。そして、徹底的に自分の頭で「ネクストステップ」を考えてもらい、自分の意見として伝えてもらう。

それに対してフィードバックを返しながら、自分の力で「答え」を見出すように導くとともに、「思考のプロセス」を学んでもらうわけです。そうして、「自走する人材」へと自らの力で育っていくのをサポートするのが、管理職の大事な仕事なのです。

とはいえ、すべてのホウレンソウに対して、質問をベースとした丁寧なコミュニケ

ーションを取ろうとすると、無理が生じることもありえます。

あまりにも時間がかかりすぎるからです。特に、経験値の低い若手メンバーの場合には、質問をしても「わかりません」という返事ばかりが返ってきて、埒が明かないこともあります。にもかかわらず、「自分の頭で考えてもらおう」と質問ばかりしていると、まるでいじめているような状況にさえなりかねません。

そもそも、**ほとんど経験値のない若手は「自分の頭で考える材料」を持ち合わせていないのですから、いくら質問したところで限界がある**わけです。ですから、そのようなメンバーには、すぐに指示を出して、とにかく仕事を動かす経験を積んでもらうのがいいでしょう。

そして、経験値が上がっていくにつれて、「自分の頭で考える」ように働きかけるのが得策です。

とはいえ、いきなり「なぜ、そう考えるのか？」とゼロベースの質問を投げかけるのは酷ですから、例えば、「去年のデータを参考に検討してみるといいかも」「その件については、◯◯さんがよく知っているはずだから、ネクストステップについて相談するといいかも」などと「ヒント」を与えるようにするといいでしょう。

このように、ステップ・バイ・ステップで、「自分の頭で考えられる」ように導いていけば、メンバーからのホウレンソウに対応する時間を、無闇と長くすることを避けることができるはずです。

「過去の失敗」に囚われず、「未来」に思考をフォーカスする

ちなみに、自分の頭で「ネクストステップ」を考えるように促すことには、非常に重要な付随的効果が期待できます。

第一に、メンバーが自分の頭で考え出した「答え」＝「対策」ですから、それを実行することに強いモチベーションと責任をもつことがあります。**管理職から「指示」されれば、自分の頭で考える手間は省けますが、結局のところ「やらされ仕事」にしかなりません。**どちらのほうが成功確率が上がるかと言えば、前者に決まっているのです。

そして、メンバーが自信をつけて、ますます仕事に対して意欲的になる最大のきっかけになるのは「成功体験」にほかなりません。つまり、自分の頭で考えてもらうことこそが、メンバーが最速で成長する「最良の方法」だということなのです。

また、常に「報告＋ネクストステップ」を求めることには、メンタル面にもよい効果をもたらします。

というのは、目の前の仕事が「悪い結果」に終わったとしても、「ネクストステップ」に意識をフォーカスしてもらうことができるからです。誰だって、「悪い結果」に終われば落ち込み、自分を責めるモードに入るものです。しかし、すでに終わったことについて、いくら自分を責めても何も生まれません。

大事なのは、「なぜ、うまくいかなかったのか？」を反省したり、分析したりすることによって、その失敗を未来の成功につなげることです。**「ネクストステップ」を考えてもらうことには、「目の前の失敗」に囚われるのではなく、そのような「未来思考」を身につけてもらう意味もある**のです。

そして、こうした意識をメンバー間で共有することができれば、必ず自由闊達で前向きなチームの風土が生まれます。「ネクストステップ」は、チームビルディングの原動力にもなるのです。

The art of remote team management

17

人は「育てる」ものではない

なぜ、優秀な管理職ほど
「指導」が上手にできないのか?

メンバーを指導する――。

これは管理職の重要な仕事のひとつです。

なかなか結果を出せずに苦しんでいるメンバーを指導して、チームの目標に貢献できる「自走力」のある人材に育ってもらう。これができなければ、結果として、管理職自らの首を締めることになってしまうでしょう。

ところが、これがなかなか難しい。相手のためを思ってあれこれ指導しても、素直に聞き入れてくれないこともありますし、なかには反発をしてくるメンバーもいるかもしれません。ふてくされたような顔を見せるメンバーに、思わず腹を立ててしまった苦い記憶のある人もいるかもしれません。指導に熱心であればあるほど、そのような反応をされると心を傷つけられるものですよね。

ただ、私は、これは多くの管理職が必然的に通る「道」のように思えます。

というのは、現場で結果を出してきたことが評価されて管理職に昇進したわけですから、どうしても「自分のやり方」に固執してしまう傾向があるからです。そして、「自分のやり方」＝「正解」を、メンバーに教え込もうとしてしまうのです。

だけど、**その「やり方」にどうしても馴染《なじ》めないメンバーに強制しようとすると、それは「指導」ではなく、単なる「押し付け」になってしまいます。時には、「虐待」のようになってしまうこともあるかもしれません。**それでは、メンバーとの間の信頼関係は決定的に傷つき、「指導」するどころではなくなってしまうでしょう。

私も初めて管理職になった当初は、そのような悩みを抱えていました。

メンバーからそこまで強い反発を受けたわけではありませんでしたが、どうも「指導」がうまくいかない。メンバーとの関係が微妙にギクシャクしてしまう。「どうしてだろう？」と思い悩んだ時期があったのです。

そして、あるメンバーをＯＪＴで育てようとしていたときに、大きな気づきを与えられました。彼とさまざまなやりとりを重ねる中で、「指導するとはどういうことか？」ということに目が開かれるような経験をさせてもらったのです。

追い詰められたときこそ、「学び」の絶好のチャンス

あのとき、私は少し追い詰められていました。

携帯電話の営業で一定の成果を出して、二十代後半で初めて管理職に昇格。当初は、**メンバーたちの目標未達分の売上を、プレイングマネージャーである私が補完することで、チームの目標を達成することができていたのですが、そのようなやり方はすぐ**

に限界にきました。

目標を達成すれば「もっとやれるだろう」と、次年度目標をさらに嵩上《かさあ》げするのが会社の方針でしたから、みるみる目標数値がつり上がっていき、私ひとりでメンバーの未達分をカバーすることなど到底できない水準になってしまったのです。

こうなると、目標達成できるようにメンバーを育成するほかありません。

自分の仕事で成果を上げようとするのではなく、「指導」に力点を置くようになったのです。そして、私も〝お決まり〟のプロセスを辿りました。自分の「営業手法」をそのままメンバーにトレースさせようとしたわけです。

もちろん、無理強いするような言い方はせず、「こんなふうにやってみたらどうかな？　僕はこのやり方でうまくいったんだけど」などと丁寧にアプローチしたのですが、できるようになる人がいる一方で、できない人はやっぱりできない。そして、「前田さんにはできるかもしれませんが、私にはできません」といった反応が返ってくるようになったのです。

部下の話に耳を傾けることで、驚くべき「気づき」が得られる

彼もそうでした。

彼は、会社に入って日の浅い新人営業マンでしたが、成績が極度に低迷。観察していると、明らかに活動量が少ない。その会社は、「一日百軒の飛び込み営業」を命じるような体育会系の営業会社でしたが、彼は、そんな会社の「やり方」に馴染めていないようでした。要するに、あまり熱心に営業に回っていなかったのです。

私自身は、必ずしも体育会系のノリが好きなわけではありませんでしたが、営業が「確率論」であることは否定しがたい現実です。営業マンとしてどんなに未熟であったとしても、営業件数を増やせば、それに応じて結果は必ずついてくるのが営業なのです。しかも、数をこなすことで営業ノウハウも自然と磨かれていきます。

だから、私は、彼に「僕と一緒に、一日百軒回ってみないか？」ともちかけました。

そして、彼の営業に同行してＯＪＴに力を注ぐことにしたのです。ところが、どんな

に彼を「指導」しても上達する気配はありませんでした。

例えば、「飛び込み営業」では、訪問先の会社の扉を開けたときに、目に入るモノや、職場の雰囲気や、座席配置などから、「この会社では、こんな切り口で話を始めれば聞いてもらえそうだ」と〝あたり〟をつけるのが重要です。この精度が高ければ高いほど、「結果」が出る確率も高くなるわけです。

そして、私がそれをやってみせるのを間近に観察することで、その「勘所」をつかんで一気に腕を上げていくメンバーもいるのですが、彼はものすごく飲み込みが悪かった。何度やっても、全然うまくいかない。それこそ、訪問先を追い返されるようなことになってしまうのです。

それで、ふたりで休憩をとっているときなどに、**「さっきは何が悪かったと思う？」などと質問をしながら指導に結びつけようとした**のですが、彼の心には何も響かないようでした。というか、私に見えているモノが、彼には見えてないようでした。

私は、訪問先の細かいところを観察して、営業トークに結びつけるノウハウを彼に教え込もうとしていましたが、彼は、そういう「細かいこと」が全然見えていないようだったのです。

「さっきの会社の壁に標語が貼り出しあったでしょ?」と聞いても「そうでしたっけ?」、「さっきのオフィスはすごく整理整頓がされていたね?」と聞いても「まぁ、そうですかね……」。そんな調子でしたから、私がどんなに熱心に「指導」しようとしても、空回りするばかり。それどころか、「こうやって一軒一軒回っていくのって、すごく効率が悪いですよね。正直、億劫になるんですよね」などと言い出す始末でした。

「プッシュ型」から「プル型」にアプローチを変える

正直なところ、「もうお手上げかも……」と匙《さじ》を投げそうな気持ちにもなりました。
しかし、ここで「育成」を放り出したら、チーム目標を達成することはできません。

追い込まれていた私は、彼をなんとしても「育成」しなければなりませんでした。

そこで、アプローチの仕方を変えてみました。「何かを教えよう」と私が話しても、彼の心には全然響かない。であれば、彼が考えていることを話してもらうことができれば、そこに「育成」のヒントが見つかるかもしれないと考えたのです。**「教える」というプッシュ型のアプローチから、「聞く」というプル型のアプローチに切り替えた**と言ってもいいでしょう。

そして、移動中や休憩中に、「学生時代に何をやっていたの?」「何をしているときに楽しい?」「どうすれば結果が出ると思う?」などといろいろな話題を振って、彼の話に耳を傾けました。また、**何の話をするときに、彼が目を輝かせたり、身を乗り出したりするのか、じっと目を凝らしました。**彼の本音に触れたいと思ったのです。

彼も初めから本音を語ってくれたわけではないでしょう。

でも、私が彼の話に心から耳を傾けていることに気づいてくれたのか、徐々に、話に熱がこもっていきました。そして、あるとき、私はハッとさせられました。彼の

「考え方」を深く知るうちに、モノを見る「視点」が、私とは全然違っていることに気づいたのです。

人は「育てる」のではなく、勝手に「育つ」ものである

先ほども書いたように、私は、訪問先の細かいところを観察して、営業トークに結びつけるノウハウを教え込もうとしていましたが、彼は、そういう「細かいこと」が全然見えていませんでした。だから、私は「営業マンとしてのセンスに欠けているのではないか？」「営業に向いてないんじゃないか？」などとあきらめ始めていました。

でも、それは、彼がそもそも、私とは「視点」が違っていたからではないかと気づいたのです。彼は「細かいこと」には関心がないかわりに、ビジネスそのものをもっと大きく捉える「視点」をもっていたのです。

例えば、彼は、こんなアイデアを温めていました。

スーパーで買い物をしてシールを２枚集めたら、携帯電話に応募できるといった企画を立てれば、「一日百軒の飛び込み営業」をするよりも格段に効率的な営業ができるはずだ、と。

しかも、彼は学生時代に企画サークルに属していて、いろいろな企業などと連携しながらいくつものイベントやプロジェクトを成功させる経験をしてきていました。そんな話を聞くうちに、「あ、そうか。彼は個人プレーでコツコツ結果を積み上げるよりも、チームを組んで企画を動かす集団プレーのほうが向いてるのかもしれないな……」と思うようになったのです。

そこで、私は、彼に企画を立案するように促しました。私も全面的にサポートしましたが、基本的には彼が主体となって関係各所の調整に動いてもらいました。すると、飛び込み営業のときには想像もできなかったほど、上手に立ち回って話をまとめていきます。やはり、**内発的なモチベーションを発揮するときに、人はその能力を発揮する**ということなのでしょう。

そして、彼の企画は大成功。成功体験によって自信をもった彼は、「自走」しながら次々と新しい企画を立案するようになりました。

そのすべてが成功したわけではありませんが、試行錯誤を重ねながら「実力」をつけ、最終的には、私が当時、一ヶ月かけて500台の携帯電話を売っていたのをはるかに超えて、毎月3000台を安定的に売るほどの営業マンへと育っていきました。

私が「育てた」のではなく、彼は勝手に「育っていった」のです。

上司の「思い込み」が、部下の可能性を殺す

これは、私にとって非常に大きな体験でした。

それまで、私は、「指導」とは「教える」ことだと思い込んでいました。もちろん、それが間違いというわけではありません。実際、私の「営業手法」を教え込むことで、営業マンとして育っていったメンバーもいたからです。

しかし、**「教える」ことだけが「指導」ではありません。むしろ、そう考えることの弊害のほうが大きい**と言えるでしょう。なぜなら、私の「やり方」が合わないメン

バーに教え込もうとすると、彼らの可能性を殺してしまうおそれすらあるからです。

先ほどご紹介したメンバーがまさにそうです。

私は、彼に「一日百軒の飛び込み営業」をなかば強制して、私なりの「営業手法」を教え込もうとしました。そして、飲み込みの悪い彼を「営業に向いてないんじゃないか？」と決め付けようとさえし始めていました。

しかし、それは単に、私が「指導＝教える」という固定観念に囚われていただけのこと。そのために、彼の可能性を殺しかねなかったのだと思うと、今でも背筋が寒くなる思いがします。

ただ、私はラッキーでした。あのとき、私は管理職として追い詰められていたために、彼をなんとしても「育成」する必要があったからです。だからこそ、自分の「指導＝教える」という「思い込み」を捨てることができたのだと思います。

もしも、追い詰められてなければ、飲み込みの悪い彼を見捨てて、自分で彼の分の売上をあげようとしたはずです。その意味で、**追い詰められたときこそ、自分を大き**

く成長させるチャンスと言えるのかもしれません。

そして、私は、彼の話に虚心坦懐《きょしんたんかい》に耳を傾けることで、その「志向性」「適性」を探り当て、それを活かす方向で彼の背中を押すことにしました。もちろん、私は上司として、彼が失敗しないようにできる限りのことをしましたが、それはあくまでサポートの範疇《はんちゅう》。自発性を尊重することによって、彼は「自走する人材」へと、勝手に「育っていった」のです。

部下の「才能」を見つけ、それを最大限に発揮させる

あのとき、私は彼に「指導するとはどういうことか?」を教えてもらったような気がしたものです。

「指導＝教える」と考えていると、下手をすると上司の「やり方」をトレースするだけの〝傭兵《ようへい》〟を育てることしかできない。しかも、その「やり方」をトレースすることのできない人材を切り捨てながら……。それは、管理職としてあまりにも危険なこ

とではないでしょうか。

むしろ、こう考えるべきなのです。

「指導」とは、メンバー一人ひとりの「志向性」「適正」を把握して、それを最大限に発揮する機会を提供すること。そして、彼らの自発性を尊重しながら、成功体験を得られるように全力でサポートすることである、と。

もちろん、彼のように劇的な成功を収めるケースばかりではありませんが、一人ひとりと粘り強く向き合いながら、その「志向性」「適性」を引き出す努力を続けることで、必ずメンバーは「自走する人材」へと育っていくのです。

すべての人には、その人なりの「才能（向いていること）」があります。

上司がすべきことは、その「才能」を見つけてあげること。そして、その「才能」を最大限に発揮させてあげることです。それこそが、「指導」ということの本質的な意味なのです。

The art of remote team management

18

モチベーションを引き出す方法

誰もが「貢献」することによって、「承認」されたいと願っている

モチベーションを失っているメンバーの「自走力」をどうやって引き出すか？

これは、管理職にとって悩みの種です。特に、リモート環境下では心配になります。リアルワークのときには、周囲の人たちの目もありますから、よくも悪くも〝場の強制力〟が働いて、モチベーションは低くても「それなりにやらなければ」という気持ちになってくれるものですが、リモート環境下ではそれすらも失われるからです。

ただ、モチベーションが低いことを責めても意味がありません。

それでなくても、**モチベーションが低い人は、他のメンバーから冷ややかな対応をされて孤立感を抱えているものですから、そこに管理職が追い討ちをかけるようなことをすれば逆効果。**さらに頑なになって、モチベーションを下げる結果を招くだけなのです。

むしろ、私はこう考えるべきだと思っています。

人は誰でも「貢献欲求」をもっている、と。

誰だって、自分が所属している集団や社会に対して「貢献」することによって、自分の存在価値を認めてもらいたいと願っている。そうした「承認欲求」をもっていない人はいないと思うのです。

ところが、例えば、相性の悪い上司にネガティブなレッテルを貼られてしまったなど、なんらかのいきさつで、その「貢献欲求」が傷ついてしまったときに、人はモチベーションを大きく下げてしまいます。それは、本人にとっても苦しいはずです。

「承認欲求」が満たされないまま、集団に所属し続けることに苦痛を感じない人がいるわけがないと思うのです。

だから、ここで管理職に求められるのは責めることではありません。再び健全な「貢献欲求」を発揮できるように、彼らをサポートすることこそが、管理職に求められているのです。

もちろん、これは簡単なことではありません。私自身、上手に働きかけることができずに、ずいぶんと失敗もしてきたと思います。でも、管理職として試行錯誤しながら、私なりに成功体験も積んでくることもできました。ここでは、そんなエピソードをご紹介したいと思います。

「働かないおじさん」は、なぜ働かないのか？

働かないおじさん——。

近年、このようなモチベーションを下げた年配社員を揶揄《やゆ》する言葉をよく耳にするようになりました。

個人的にはあまり好きな言葉ではありませんが、実際のところ、私が管理職を務めていたときも、それに似たようなケースは散見されました。定年まであと数年。結果を出すために一生懸命に頑張る若手社員を尻目に、できるだけしんどい仕事は避けて、大過なく言われた仕事をこなすだけの年配社員が、私の部署に配属になることも何度かあったのです。

それを、そのまま放置するわけにはいきません。

チームが達成すべき目標をクリアするためには、全メンバーの力を結集しなければならないのはもちろんですが、それ以上に、年配社員に対する若手メンバーの不満や反発が高まると、チームワークそのものが損なわれてしまうからです。

若手メンバーの不満や反発は当然のことです。年功序列の給与体系のなかでは、激務に耐えてチームを支えている若手メンバーよりも、年配社員のほうが多くの給与を得ているからです。実際に、「なんなんですか？　あの人は？　なんとかしてくださいよ」と私に不満をぶつけてくるメンバーもいました。

とはいえ、年配社員を責めても意味がありません。

そもそも、彼らも若い頃は必死になって頑張っていたはずだし、彼らなりに会社に貢献してきたにもかかわらず、一部の同年代の社員が上層部へと出世していくのを横目にしながら、私のような〝若造〟の部下という立場に甘んじなければならないのが面白いことであるはずがないからです。

こうした心情を理解もせずに、彼らに何を言っても、理解が得られることはないでしょう。では、どうしたらいいのか？　私は、彼らと「1on1」の場などで話をしながら、考えを巡らせていました。

何の話題のときに、相手が目を輝かせるかを知る

ひとつ思い当たることがありました。

私は、「1 on 1」の場では、メンバー一人ひとりの過去の職歴を聞かせてもらうようにしていました。相手を理解するために、「これまで、どんな仕事をしてきたのか?」「どの仕事がいちばん面白かったか?」「仕事で結果を出すために、どんな工夫をしてきたのか?」といったことを教えてもらう必要があったからです。

もちろん、年配社員にも同じことを聞きました。

そして、彼らが、**仕事に熱意を燃やしていた頃の話をするときに、みな一様に目を輝かせている**ことに気づいたのです。

その話にじっくり耳を傾ければ、彼らは、自分が凝らしてきたさまざまな工夫についても詳しく教えてくれました。そうした話には、さすがに深みがあり、ひとりのビジネスパーソンとして勉強になる部分が多々ありました。そして、そのことを素直に伝えると、「まぁ、今となってはどうでもいい話だけどね……」などと謙遜《けんそん》しながらも、嬉しそうな笑顔を浮かべていました。

あるとき、風呂に入りながら「内観」をしているときに、そんな年配社員の様子を思い返していたときに、ハッと思いました。

このまま彼らが定年退職を迎えていけば、彼らが試行錯誤をしながらつかみ取った「貴重な知見」は消え去ってしまう。それは、あまりにも惜しいことではないかと思ったのです。


そこで、私は、ひとりの年配社員にこう尋ねてみました。

「○○さんは、残念ながらあと○年で定年を迎えます。これまで私は、○○さんが培っていらっしゃった数々の知見を伺うことができて、とても勉強になりました。でも、私だけが学んでいるのではもったいないと思うんです。**定年されるまでに、○○さんがこの会社に残したいものは何ですか？** それを、若手のメンバーに残していっていただけませんか？」

相手の「価値」を気づかせると、大きな変化が訪れる

これが、非常に効果的でした。

「この会社に残したいものは何か？」という問いかけを耳にして、その方は神妙な表情で考え込まれたのです。そして、数日後、「前田さんがこないだ聞いたこと、ちょっと資料にまとめてみたんだけど……」と声をかけてくれました。その方が培った知見を、わかりやすく資料にまとめてくださったのです。

そこで、私は、すぐにチーム内の勉強会を開催しました。

その年配社員を講師に、その知見の一部を披露していただいたのです。もちろん、当初は、若手メンバーは怪訝《けげん》そうな表情を浮かべていましたが、管理職である私が率先して質問をしたり、そこで明かされた知見の価値を説明すると、徐々に反応が変わっていきました。

その後も、折りに触れて、私はその年配社員の知見に頼りました。

そんな私の姿を見せることで、多くのメンバーが、その方の価値を認めるようになっていきましたし、その方自身も積極的にメンバーの役に立とうという行動を増やしていってくださいました。

正直に言うと、その親切心が過ぎて、ちょっと〝お節介〟と感じられる時もありましたが、かつてのように他のメンバーとの間に「壁」をつくっていた頃のことを思えば、僭越ながら、その姿は「可愛らしい」と思えるものでした。要するに、その方はメンバーに受け入れられていったのです。

こうなると、状況は大きく変わっていきます。

一定程度、「承認欲求」が満たされたのでしょう。その方は健全な「貢献欲求」を表現してくれるようになり、知見を活かした困難な仕事に自ら手をあげたり、仕事量が多い若手メンバーの手伝いを買って出たりしてくれるようになりました。定年間近になって、再び自走してくれるようになったのです。

これは、年配社員のエピソードですが、同じようなことは、年齢や性別を問わず起きます。

重要なのは、管理職が相手のことをよく知ろうとすること。その姿勢さえあれば、

どんなにモチベーションを下げている人であっても、その人固有の「価値」を見出すことができます。そして、その「価値」を改めて相手にしっかりと認識してもらうとともに、その「価値」でチームに貢献してほしいと依頼するのです。

人は誰でも「貢献欲求」をもっています。そのときは、どんなにモチベーションを下げていたとしても、その人のなかには「貢献欲求」があるのです。その**「貢献欲求」を引き出してあげることができれば、その人は変わります。**もちろん、いつもうまくいくわけではありませんが、管理職は、それを信じることが大切なのだと、私は思っています。

The art of remote team management

19

リアルな職場は「学びの宝庫」である

リモートワークで失われる「職場の機能」とは？

リモート・マネジメントにおける最難問は何か？

私は、人材育成だと考えています。

本章で述べてきたように、自走できるメンバーを育てるために重要なのは、管理職とメンバーの一対一のコミュニケーションです。管理職が「指示」＝「答え」を与えるのではなく、「質問」をメインにしたコミュニケーションによって、メンバーに自分の頭で考える習慣をつけてもらうわけです。

そして、そのような一対一のコミュニケーションは、Web会議アプリやチャットなどを駆使することによって、リモート環境下でも丁寧な対応をすることは可能ではあります。しかし、それだけでは、従来の職場環境で、当たり前のように享受できた「教育機能」がごっそりと抜け落ちてしまうのです。

それは何か？

周囲の同僚・先輩・上司などの仕事ぶりを、横目に見ることで得られる「学び」です。これは、メンバー全員が同じ空間で働いていることによってしか得ることができない、きわめて重要な「教育機能」だったと思うのです。

特に、経験の少ない若手メンバーにとって、この「教育機能」が果たしていた役割は非常に大きなものがあります。

例えば、職場において上司や先輩とどのようなスタンスでコミュニケーションを取ればいいのか、電話はどのように対応すればいいのか、お客様と面会するときにはどのように対応すればよいか、といったビジネスの基本的マナーは、周囲の人々のやり方を真似することによって身につくものです。

もちろん、書籍を読んで学んだり、上司や先輩が口頭で教えることも必要ですが、それで一挙手一投足のすべてを網羅することは不可能です。それよりも、見様見真似でやってみることが大切。それを上司や先輩がチェックをして、足りない部分があれば、それを補足的に教えるのが効率的なのです。

しかも、職場のよいところは、いろんな事例を目の当たりにすることができることです。職場には、ビジネスマナーに熟達した人もいれば、そうではない人もいます。そして、それぞれが、社内外でどのような人間関係を構築しているかも観察することができます。そうして比較することで、自分はどうすればよいかを考えることができるわけです。

ビジネスの「勘所」は、リアルな職場でしか学べない

もちろん、ビジネスマナーだけではありません。
もっと高度なことも、私たちは職場で自然と学んできました。
仕事の進め方もそうです。例えば、**管理職に頼まれた仕事を、どのように隣の先輩が処理しているかを横目に見ているだけでも、なんとなく仕事の流れのようなものがわかってきます。**

しかも、管理職とその先輩のコミュニケーションも聞こえてきますから、どこが仕事の「勘所」なのかもわかってきます。例えば、管理職に仕事を頼まれた翌日に、その先輩が「こんな感じで進めてますが、よろしいですか？」などと確認に行ったときに、「お、早いね」と管理職が嬉しそうな声を出せば、「なるほど、途中経過は早めに報告しておくといいんだな」と理解できるわけです。

あるいは、その先輩が途中経過を見せにいったときに、管理職が提出された資料を見ながら、「うーん、この要素だけで、（役員の）Aさんは納得するかな？　あの人は数字に厳しいからなぁ……。◯◯の数字は取れない？」などと投げかけるのを聞くことによって、「社内でGOサインを取るためには、いろいろな人の視点に立って考えなければならない」「A役員は数字に厳しい」などということを把握することができます。

リアルな職場で働くことによって、こうしたコミュニケーションのシャワーを浴び続けるわけですから、そこから数え切れないほどの「学び」を汲み取ることができるわけです。

この蓄積は、非常に大きいものがあります。

管理職が一対一でメンバーと向き合いながら、言葉で説明するだけでは到底追いつけないほどの情報が職場では飛び交っていて、そこから、メンバーは実に多くの「学び」を得ているのです。

だから、管理職は、リモート環境下において、こうした「学び」がすっぽり抜け落ちてしまうことの重大性を十分に認識しておく必要があると思います。そして、それを少しでもカバーする対策を真剣に考えなければならないのです。

「後継者」を育てて、新人育成を任せる

では、どうすればいいのでしょうか？

まず第一に考えられるのは、すでに述べたように、リモートワークとリアルワークを併用することです。職場の「教育機能」を発揮させるには、リアルな職場でみんなが仕事をすることに勝る方法はないからです。しかも、できるだけ全員が出社して仕事をする機会を確保できるように工夫するとよいでしょう。

それができない場合には、週に1～2日、2～3時間程度、Ｗｅｂ会議アプリを繋ぎっぱなしにすることで、リモートワークをしながらも、リアルワークと似た状態を作り出すこともできます。とにかく、他のメンバー同士のコミュニケーションに触れる機会を提供することが重要なのです。

あるいは、**入社間もないような新人がいるときには、管理職とそのメンバーは基本的に出社するようにしたほうがいい**でしょう。

新人は右も左もわからない状態ですから、細かく教えてあげる必要がありますし、わからないことがあったら、なんでも気軽に質問できる環境を用意してあげるべきだからです。また、バラバラに出社してくる他のメンバーと管理職のコミュニケーションを、真横で聞かせることで「学び」を得てもらうこともできるでしょう。

ただし、これでは管理職が職場に縛り付けられることになってしまいます。

それを避けるためには、自分の後継者を育てておくしかありません。そして、その後継者を「教育係」として、新人と一緒に出社してもらうようにするのです。

実際、私がソフトバンクで複数の部署をリモート・マネジメントしていたときには、後継者がいる部署にはあまり顔を出さず、彼・彼女らに新人教育を含めた現場マネジメントを任せていました。そして、後継者がいない部署になるべく顔を出すようにして、そこで後継者育成に励んだわけです。

管理職が重視すべきなのは「後継者」の育成です。

もちろん、駆け出しの管理職のときは、新人育成の経験を積むことが大事ですが、いつまでも管理職がそれをやっていては、後継者が育ちません。新人育成は後継者として成長してもらううえで、非常に重要な経験だからです。管理職は、一歩引いて、後継者をサポートする立ち位置に立つことが求められているのです。

The art of remote team management

20

「虫の目」と「鳥の目」をもつ

「鳥の目」をもたなければ、
管理職は務まらない

「虫の目」と「鳥の目」——。

しばしば使われる言葉ですから、ご存知の方も多いでしょう。

「虫の目」とは、虫のように近いところから対象を注意深く観察する視点であり、「鳥の目」とは、空を飛ぶ鳥のように、俯瞰的に物事をとらえる視点です。何事においても、この「両方の視点」を備えておくことが大事だというわけです。

これは、管理職にもあてはまります。メンバーとの信頼関係を築き、「自走する人材」へと導くためには、「虫の目」をもってメンバー一人ひとりのことをよく知り、よく考え、じっくりと向き合っていく必要があります。特に、**課長クラスの管理職は、社内で唯一、現場の一般社員と直に向き合う存在ですから、「虫の目」をしっかり持つことは非常に重要なこと**だと言えるでしょう。

ただ、「虫の目」だけでは管理職は務まりません。**管理職は、中長期的な時間軸をもって、会社全体を俯瞰しながらチームの「あるべき姿」を考える「鳥の目」をもたなければ、メンバーを適切に導いていくことができない**からです。メンバーと一緒に「目の前の仕事」にのめりこんでいるようでは、管理職の役割を果たすことはできないのです。

だから、私は、あるチームの管理職を任されたら、在任期間中にチームとして何を成し遂げる必要があるのか、その全体像をイメージするようにしていました。

もちろん、あらかじめ在任期間が示されるわけではありませんが、私が属していた通信業界は変化が激しいため、組織変更や異動もかなり頻繁に行われていましたから、1〜3年程度の在任期間を想定していました。

そのうえで、**「今、会社はどこに向かおうとしているのか？」「そのなかで、このチームが価値を生み出すためには、何をするべきか？」といったことを、できるだけ具体的にイメージします。**

そのためには、日頃から社内のキーパーソンとの接点をもって有意義な情報を得たり、経営会議に隣席する機会をつくって上層部の議論に触れたりするなど、「視座」を高める努力をしておく必要があります。

そして、着任したときに、チームのメンバー全員と「1on1」を行って、「チームがやっている仕事」「チームの課題」などを把握することができれば、1〜3年でやるべきことのイメージがだんだん見えてきますから、「何をいつまでにやるか」というスケジュールを年間カレンダーに落とし込んでみるのです。

もちろん、最初の段階では「解像度」の低いイメージにならざるを得ませんが、それで構いません。それ以降、チームのマネジメントを実行しながら、その「解像度」をどんどん上げていくとともに、スケージュールも現実的なものへとブラッシュアップしていけばいいのです。

「定期的」に結果を出し続けるチームをつくり上げる

ここで大切なのは、「定期的に結果を出し続ける」ことです。

社内でチームに対して高い評価を勝ち得るためには、「単発的」に結果を出すだけではなく、「定期的」に結果を出し続ける必要があるからです。だから、私は、毎月何らかのアウトプットが出すことを意識しながらチームをマネジメントしていました。

「花壇」のようなものです。

素敵な花壇は、季節ごとにいろいろな種類の花が咲いています。そのためには、管理者が、花の枯れている時期をつくらないように、季節に合わせて花を植え替える必要があります。チームも同じで、管理職が、いろいろなメンバーがいろいろな花を咲かせることによって、常に、花が咲いている状態をつくりださなければなりません。そのときに初めて、「このチームはよく機能している」という評価を勝ち得ることができるのです。

そこで、私は【図20－1】のような形で、チームの長期的なスケジュールをフォーマット化して整理していました。

ご覧のように、毎月アウトプットが出るようにスケジュールを組み立てるわけですが、重要なのは、納期の短い「短期間アウトプット」と、納期の長い「長期間アウトプット」に区分けしていることです。

私は、チームが取り組まなければならないプロジェクトを一覧にしたうえで、次の四つの象限に分類して（【図20－2】参照）、その優先順位を決めていました。

図20-1　チームの長期スケジュールを俯瞰する

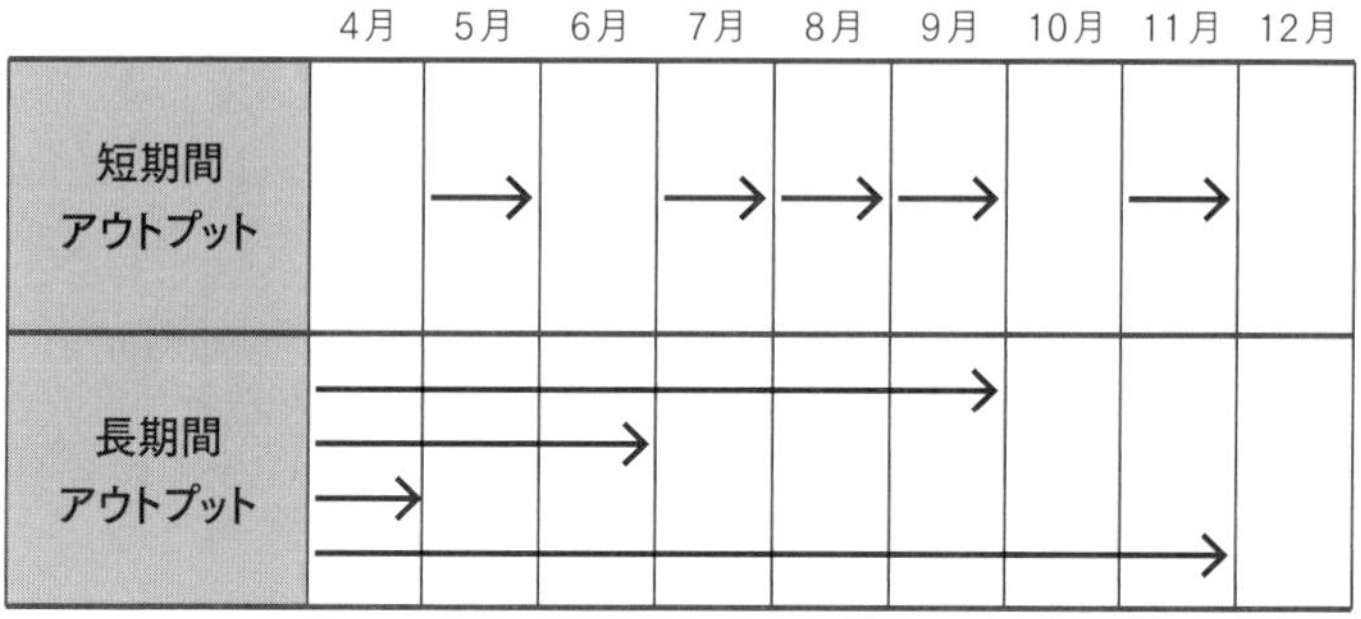

図20-2　プロジェクトの優先順位を決めるマトリクス

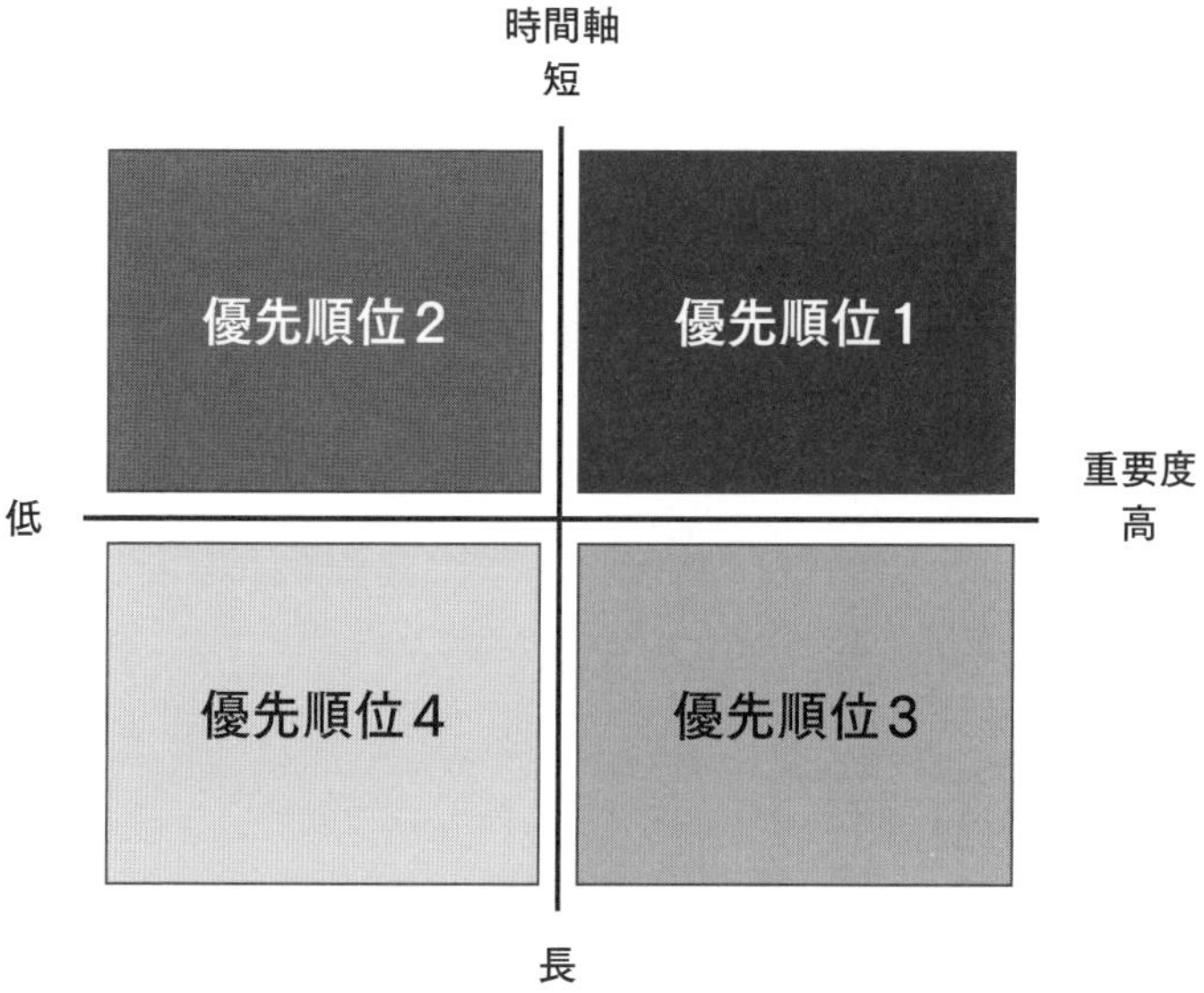

①重要度が高く、納期が短い。
②重要度が低く、納期が短い。
③重要度が高く、納期が長い。
④重要度が低く、納期が長い。

このなかで真っ先にスケジュールを確定させるのは、もちろん「①重要度が高く、納期が短い」ものです。ここで悩むことはほとんどありません。

悩ましいのは、「②重要度が低く、納期が短い」ものと、「③重要度が高く、納期が長い」ものをどのように判断していくかです。もちろん、納期が短い②の方を優先的に進めるべきではあるのですが、**チームが「短期間プロジェクト」に追われるばかりになるのは避けるべき**ですし、会社やチームにとって重要なのは③の方です。

だから、私は、②の納期を取引先と調整しながら、③のスケジュールをできるだけ優先的にスケジューリングするようにしていました。こうして、長期的なスパンで、「短期間アウトプット」と「長期間アウトプット」をバランスよく配置しながら、定期的に結果を出し続けられる体勢を整えるわけです。

「自走」するメンバーを邪魔するものは何か？

そして、そのような長期的なスケジュール・イメージをもちながら、メンバーにプロジェクトを割り振っていきます。彼らにも「チームとして定期的にアウトプットを出し続ける」ことを意識してもらいながら、それぞれのプロジェクトを自力で動かしていってもらうようにするのです。

その際には、メンバーに過重な負荷がかかったり、特定のメンバーに比重が偏ったりしないように十分に注意を払います。

例えば、**「重要度が高い」プロジェクトは、実力のあるベテランに担当してもらうのが安心ですが、それだけではバランスに偏りが生じますし、若手から成長するチャンスを奪うことになります。**

そこで、若手メンバーに、「②重要度が低く、納期が短い」プロジェクトで成功体験を積んでもらったうえで、「①重要度が高く、納期が短い」プロジェクトにチャレンジしてもらったり、「③重要度が高く、納期が長い」プロジェクトを任せて、管理職やベテランのメンバーがサポートしたりするようにします。つまり、**「人材育成」を視野に入れながら、誰にどのプロジェクトを任せるのかを考えていく**わけです。

なお、ここで要注意なのは、実は「④重要度が低く、納期が長い」に該当するタスクです。というのは、これに該当するタスクの多くは、やらなくてもよい確率が高いのですが、それを管理職が明示しない限り、メンバーは「やらなければならないタスク」として認識したままだからです。そのまま放置すれば、メンバーに過重負担をかけることになりますし、限られた人的リソースの無駄遣いということになります。

リアルワークのときは、メンバーも気軽に「この仕事って、やる必要ありますか？」と確認できますが、リモート環境下ではそういうわけにもいきません。ですから、管理職が定期的にチーム内のすべてのタスクをチェックして、不要になったタスクがあれば、「やらない」という意思決定をすることが、より一層重要になるのです。

このように、メンバー一人ひとりと「虫の目」でしっかりと向き合い、それぞれの「自走力」を引き出しながら、「鳥の目」でチーム全体の仕事を適切にコントロールしていく必要があります。

そして、一人ひとりのメンバーが全力で走れるように、管理職はサポートしていくわけですが、ここで問われるのが「意思決定力」です。なぜなら、メンバーがいくら「自走」しようとしても、組織的な「ＧＯサイン」が得られなければ、一歩も先に進めないからです。**管理職が適時的確に「意思決定」をすることが、メンバーの「自走力」を最大化するために不可欠**なのです。

そこで、次章では、チームにおける最高の「意思決定の場」である「会議」について、掘り下げて解説していきます。**管理職が会議をどのようにデザインして、どのように運営して、どのような意思決定をするかによって、チームの「自走力」には雲泥の差が生じます。**まさに「課長２・０」の中核的な部分とも言えるテーマなのです。

第4章

会議は「人材育成」の場である

The art of remote team management

21

「勝率7割」の意思決定を最速で行う

意思決定とは「決めて断つ」ことである

管理職は、日々、「意思決定」を求められます。

メンバーから相談を受けたとき、トラブルが発生したとき、チームの事業内容・方針を決めるときなど、複数の選択肢のなかから「これでいこう」と決めなければならない。次から次へと求められる「意思決定」に、いかに対応するか。これは、管理職の核心的な職務と言っていいでしょう。

当たり前のことですが、意思決定とは多数決ではありません。もちろん、チーム内

の庶務的なルールに関するようなことは多数決で決めてもよいでしょうが、事業提案に類するような場合に多数決は絶対にNGです。

意思決定権限をもつのは管理職ですから、多数決は単なる責任逃れ。自らの責任において意思決定する。これが、絶対的な法則であることを忘れてはなりません。

私は、これをソフトバンク時代に叩き込まれました。

恥ずかしい思い出があります。同社で管理職になりたての頃に、チーム内の会議で「意思決定」をしなければならない場面があったのですが、その場で「決める」ことができずに〝先延ばし〟にしてしまったのです。そのとき、上司から「君には決断力がないのか？」と厳しい指摘を受けました。

「決断する」とはどういうことか？

このとき、私は改めて深く考えてみようと思いました。

参考にしたのは、孫正義社長がつくった経営方針である「孫の二乗の兵法」でした。その中にある「略」という項を何度も読み返して、私なりに次のように解釈しました。

「略」とは戦略の「略」のことですが、この言葉には「大事なところだけ残して、他を除き去る」という意味があります。つまり、**戦略とは「あれもこれもやろう」とすることではなく、「あれかこれか」を選択して、その一点に集中することだ**ということです。

だから、何かを決めるときには「決断」しなければならない。決断するとは「決めて、断つ」ことを指します。**A案B案があるときには、どちらかを採って、どちらかを断ち切らなければならない。そして、もしかしたら選択を間違えるかもしれない。その恐怖心も断ち切らなければならない。つまり、意思決定とは「断つ」覚悟を決めることなのです。**

意思決定が「遅い」だけで、
生産性は確実に落ちる

「決めて、断つ」覚悟をもつ――。

こう書くと重責を背負いこむように感じるかもしれませんが、そんなに大げさに考えることではありません。

なぜなら、課長クラスの管理職の決断によって、会社がつぶれるほどのことはまず起こり得ないからです。それよりも**恐いのは、決断を遅らせることであり、決断から逃げること**です。そのとき、私たちは二つの代償を支払うことになるのです。

まず第一に、決断を遅らせることによって、チームの生産性は確実に低下します。

生産性を上げるのは、常に現場です。そして、現場のメンバーは、組織的な意思決定がなければ、具体的なアクションを起こすことができません。つまり、意思決定が遅いということは、現場の動きを止めることにほかならないということ。**「遅い」というだけで、生産性は確実に落ちる**のです。

第二に、**「決断しない管理職」に対して、メンバーが信頼を失う**結果を招きます。

意思決定すべきときに決断できずに、〝先延ばし〟する管理職に対して、判断に迷って上司に相談にきたメンバーや、意思決定してもらおうと一生懸命に提案書をまとめたメンバーが不満を感じるのは当然のことでしょう。そして、判断ミスを恐れて「保身」に走る上司に対して不信感をもつのも無理のないことです。そして、そのとき、一気にチームは求心力を失ってしまうのです。

意思決定のパラドックスを克服する「思考法」とは？

とはいえ、もちろん拙速《せっそく》な意思決定でよいわけではありません。

成功確率の低い意思決定を闇雲に行っているようでは、どんなにメンバーが懸命に頑張っても生産性は上がらず、ただ疲弊していくだけでしょう。当たり前のことですが、精度の高い意思決定こそが、「よい意思決定」なのです。

ただし、ここに〝落とし穴〟があります。

意思決定の精度を高めるために、情報収集や市場調査などに過大な時間・労力をかけてしまう結果、意思決定のスピードが落ちるうえに、メンバーに本来業務以外の負担を過重にかける結果を招くからです。

つまり、**意思決定の精度にこだわりすぎると、かえって「よい意思決定」から遠ざかるというパラドックスがある**わけです。

では、このパラドックスをどう解決すればいいのでしょうか？

ここでも、私が参考にしたのは「孫の二乗の兵法」でした。このなかに「七」という項があるのですが、「七」とは「勝率７割で勝負をする」という意味です。**勝率５割で戦いを仕掛けるのは愚かだが、勝率９割まで待つと手遅れになる。だから、７割の勝率で勝負をする**というわけです。

これは、管理職の意思決定にもあてはまる考え方です。１００点ではなく70点の意思決定をめざすことによって、「スピード」と「精度」を両立させるわけです。もちろん、「これが70点の基準」という明確なモノサシがあるわけではありませんから、最終的には管理職の胆力で「７割の勝算がある」と決断するほかありません。

ですから、当然、間違えることもあります。

でも、それでいいのです。というか、「間違い」を織り込んだうえで、「70点の意思決定」を最速で行うことが、実は、最も精度の高い意思決定を実現する方法なのです。

「間違える」ことでこそ、意思決定の精度は高まる

「間違える」ことで精度を高める？

「どういうことだ？」と不可解に思う方もいるかもしれませんが、考えてみれば、これは当たり前のことです。

そもそも、ビジネスにおいて100%の成功が保証された意思決定などありえません。意思決定とは、常に未来に賭けるものです。そして、未来のことは誰にもわかりません。どんなに情報を集めて、市場調査をやったところで、「100%こうなる」と予測することは不可能なのです。

であれば、「70点の意思決定」でよいから、とにかく実行してみることが大切です。

そして、ＰＤＣＡを回しながら軌道修正を繰り返すことこそが、最速で「正解」にた

どり着く方法なのです。つまり、**「間違える」ことで、可能性の一つが消えたわけですから、成功に向けて照準が絞られたと捉えるべき**なのです。

だから、一つの意思決定が「失敗」に終わっても恥じる必要はありません。失敗したときに重要なのは、それを潔く認めて、「自分の判断ミス」だと明言することです。**メンバーの提案に「ＯＫ」という意思決定を下した場合であっても、意思決定に責任をもつのはメンバーではなく管理職**ですから、決して、メンバーの責任に帰すような言動をとってはなりません。

何よりも重要なのは、あくまでも目標を達成するために、メンバーを励ましながら、自ら先頭を切って前進を続けることです。今回の失敗から学ぶべきことを明確にしたうえで、より成功確率の高い新しい企画をメンバーとともに考える。そして、新たな意思決定をして、その決定事項を徹底してやり抜く。そして、成功へとメンバーを導いていくことなのです。

The art of remote team management

22

「一座建立《いちざこんりゅう》」で強いチームをつくる

質の高い「会議」を実現するために、「一座建立」の精神を共有する

チーム運営において「定例会議」は非常に重要な意味があります。

チームにおける重要な意思決定を行う場であるのはもちろんのこと、重要な案件についてお互いに意見をぶつけ合うことで、チームの「目的」「目標」「価値観」「指針」などを共有する絶好の機会だからです。

しかも、**どのような議論が交わされて、どのような意思決定が行われるかを体験することによって、若手メンバーは「GOサイン」をもらうためには、どういう提案を**

する必要があるのかを学べるということも重要なポイントです。このように、会議は大事な「人材育成」の場なのですから、打ち解けた雰囲気とほどよい緊張感を保ちながら、質の高い「定例会議」を行うことは、管理職にとってきわめて重要な使命と言うべきです。

だから、私は常々、メンバーに「会議は一座建立《いちざこんりゅう》」と伝え続けていました。

「一座建立」とは茶道の言葉で、茶席を開く人と招かれたお客の双方が、「その場をいいものにしよう」という気持ちで通じ合うことを指します。

これは、会議も同じです。「管理職だから」「ベテランだから」「新人だから」とかは一切関係がない。権限をもつ管理職や実績のあるベテランだから偉いわけでもなく、新人だから偉くないわけでもない。それぞれの役割を踏まえながら、メンバー全員が「一座建立」の精神で力を合わせたときに、はじめて質の高い会議は生み出されるのです。

そのために、メンバーに徹底してもらったのは、「遠慮はするな、謙虚であれ」という指針です。

会議とは、メンバー全員の知恵や情報を総動員することによって、チームとしてよりよい意思決定をするために行うものです。そして、全員が当事者としてディスカッションに参加することによって、意思決定に対するコンセンサスやコミットメントを深めてもらうことが大切です。だから、率直に言って、発言をしようとしないメンバーに存在意義はありません。

特に、若手メンバーは「自分は実績・経験が足りないから」「自分は知識が足りないから」などと気遅れしがちですから、管理職が「遠慮せずに、発言しなさい」「経験が足りない君にしか、見えないこともあるはず。その意見を聞きたい」などと促すことによって、背中を押してあげる必要があります。

ただし、謙虚さを忘れてはいけません。

ここで言う謙虚さとは、妙にへりくだることではありません。そうではなく、「自分とは異なる意見であっても、それを尊重する」「自分の意見が正しいと盲信しない」「みんなで力を合わせることでこそ、最適解が見つかる」といった認識を根底にもつことです。

だから、もしも、メンバーのなかにこうした認識に欠ける言動をする人がいたら、適切に牽制することが必要となります。いや、実は、**この謙虚さを忘れてしまう恐れが一番高いのが管理職である、という自覚をもつことが大切**です。そして、管理職が「謙虚な姿勢」を模範として示し続けることによってこそ、「一座建立」の精神がチームに浸透していくのです。

会議そのものは「１円」も生み出さない

ただ、忘れてはならないことがあります。

定例会議はチームにとって非常に重要なものですが、とはいえ、**会議そのものは「1円」たりとも生み出さない**ということです。成果を生み出すのは、あくまでも現場の活動。生産性を上げるカギは、現場の活動の効率を上げるとともに、活動量を増やすことにあるのです。

むしろ、会議とはコストそのものです。会議時間中のメンバー全員の人件費はもちろん、会議のための資料づくり、会議のための会議など、つい忘れてしまいがちなコストもかかっています。ですから、**最小限のコストで、最高品質の会議を行うことを決して忘れてはならない**のです。

まず、意識すべきなのが「会議時間」です。

日本では、「会議は1時間」というのが一般的な認識として定着しているように思いますが、「なぜ1時間かける必要があるのか？」と改めて考えてみると、明確な答えがないことに気づきます。かつては私自身もそうでしたが、「以前からそうだから」「きりがいいから」「なんとなく」などといったあやふやな理由で、「1時間会議」を続けているのが実態ではないでしょうか？

しかし、これが「会議の品質」を落とす大きな原因となっています。

「1時間あるから」という理由で、定例会議で扱う必要のない重要度の低い案件を議題にあげたり、メールで共有すれば済むような連絡事項の伝達に時間を費やしてしまう。果てには、「まだ時間が残っているから」とダラダラした議論（雑談）を続けて

しまうこともあるでしょう
そうした雑談が100%意味がないというつもりはありません。特に、リモート環境下では、メンバーの多くが孤立感を抱えていることが多いですから、メンタルマネジメントの観点から雑談の機会をもつことには、むしろ意味があるということもできます。
ただ、私は、そのような機会は定例会議以外に設定すべきだと考えます。なぜなら、チームにとって最も重要な「場」である定例会議に緊張感が失われる結果、意思決定の質が低下することになりかねないからです。**定例会議は、ほどよい緊張感を維持しながら、全員が集中する「場」でなければならない**のです。

「15分×2＝30分」で、集中力の高い会議をつくりだす

そこで私は、定例会議は「30分」を基本としていました。
そもそも、人間の集中力には限界があります。

大学の授業が90分に設定されているように、集中力が持続する時間は90分が限界と言われていますが、90分間ずっと集中できるわけではありません。集中力の波は15分周期だと言われているのです。つまり、**人間の集中力を維持するためには、「15分」をワンブロックとして考える必要がある**ということです。

実際、テレビ番組も10～15分程度でＣＭを入れる構成になっています。テレビ局としては、ビジネス的な観点から、ＣＭを流さなければならないという理由もあると思いますが、一方で、ＣＭで休憩は挟むことで視聴者の集中力を維持するという理由もあると思われます。

そこで、私は**「15分×2＝30分」という形で、定例会議をデザイン**することにしました。「30分」の会議を前半後半の2ブロックに分けて、前半の15分間を情報共有、伝達など、メンバーに必要な情報を「インプット」するために使い、後半15分間を意思決定という「アウトプット」を生み出すために使うのです。

前半の「インプット」は、貴重な時間を使ってでも口頭で伝えるべき重要な案件だけに絞る（それ以外の案件はメールで共有すれば足ります）など、できる限り簡素化する工夫をして、最短で終えられるように心がけます。

「時間制約」を設けるからこそ、会議の質は高まる

重要なのはアウトプットです。

このパートも基本は15分ですが、インプットが10分で終われば、残り20分を使うこともあります。もちろん、インプット10分、アウトプット10分で終われば20分で解散してまったく問題ありません。

あるいは、インプット15分、アウトプット15分が経過した時点で、結論を出せない場合であっても、よほどのことがない限り、私はその時点で会議を終わらせました。

なぜなら、**すぐに意思決定ができない原因の大半は、提案内容の完成度が低いことにある**からです。にもかかわらず、ズルズルとディスカッションを引き延ばしたとこ

ろで、納得感のある意思決定はできないケースが非常に多いのです。

ですから、そのような場合には定刻でディスカッションを打ち切って、その場で出された意見を踏まえて、もう一度、提案内容を再検討してもらったほうがいい。そう割り切ったのです。

このように書くと、機械的でクールすぎる会議運用のように思われるかもしれません。しかし、**定例会議については、むしろ、さっさと切り上げる、ややそっけないくらいの会議進行のほうが望ましい**と私は考えています。

なぜなら、ビジネス環境の変化が加速度的にスピードを上げていますから、それに対応するためには、多少そっけなくてもスピード感を重視する姿勢をメンバーに印象づけることができるからです。

しかも、時間制約のあるなかでGOサインを勝ち取るためには、提案内容を十分に磨き上げる必要があると認識してもらうことにもつながります。このような緊張感をチーム内で共有するからこそ、結果的に定例会議の質が高まっていくのです。

The art of remote team management

23

「少人数ミーティング」を活性化する

チーム内の「会議・ミーティング」を適切にデザインする

私は、定例会議は「30分」を基本としていました。

会議そのものは「1円」たりとも生み出しません。成果を生み出すのは、あくまでも現場の活動。管理職が会議に無駄な時間を費やすことで、メンバーの活動時間を奪うようなことをしてはならないのです。

だから、管理職は、定例会議に費やす時間を最短にしながら、質の高い意思決定ができるように工夫を凝らす必要があります。そして、そのために真っ先に考えるべきなのは、チーム内で行われるさまざまなミーティングや打ち合わせを適切にデザインすることです。

まず第一に、**定例会議にかける議題を減らすことを意識**します。

議題が多ければ、必然的に長時間の会議にならざるを得ませんし、その結果、メンバーの集中力を欠いた会議となって、意思決定の「質」も低下します。そのような悪循環を避けるためには、定例会議にかける議題の数そのものを絞り込む必要があるのです。

そこで、重要になるのが、定例会議以外のミーティングや打ち合わせです。チーム内で行われる会議は、会議室にメンバー全員が集まって議論する定例会議だけではなく、メンバーがホウレンソウをしてくれたときなどに一対一で行う打ち合わせもあれば、少人数で集まって議論やブレストをするミーティングもあります。こうした場においても、管理職の権限において積極的に意思決定を行うことによって、定例会議にかける議題を「重要性の高い案件」のみに絞り込むのです。

メンバーからの「ミーティング要請」に最優先で対応する

そのためには、メンバーからミーティングを求められたときには、できる限りそれに最優先で対応するようにする必要があります。

メンバーの立場に立てば、**必要性が生じたときにすぐにミーティングに応じてくれて、しかるべき意思決定をしてくれる管理職こそが「信頼するに足る存在」**だからです。そのためには、管理職は自分の仕事を多少犠牲にしてでも、できる限りメンバーの要請に応えるのが基本です。

もちろん、仕掛かりの仕事に区切りをつけるまでは待ってもらう必要がありますが、その場合でも、必ず「〇〇分からでいい?」と伝える必要があります（メールやチャットで連絡が来た場合は、即座にそのようなリスポンスをします）。

ミーティングを求めてくるメンバーは何らかの不安を覚えていることが多いですから、「放置」されることを一番嫌がります。すぐにミーティングに対応できない場合でも、クイックリスポンスをすることで、メンバーを安心させるとともに、「大切に扱ってもらってる」と思ってもらうことができます。

ただし、これにも限度があります。

それでなくても管理職は忙しいですから、次から次に「ちょっとよろしいですか？」という声に対応していれば、自分の仕事がまったく進められないという状況になりかねません。しかも、メンバーとの「信頼関係」が深くなれば深くなるほど、ミーティングを求められる機会が増える結果を招くので注意が必要です。

これは、リモート環境下において、より深刻な問題となります。なぜなら、スマホで簡単にオンライン・ミーティングができるようになるため、それこそひっきりなしにミーティングに対応しなければならない状況に置かれるからです。ですから、この問題への対応策はよく考えておく必要があるでしょう。

私が管理職だった頃は、この問題への対策として、自分のスケジュールをチーム内で公開して、毎週、一定の時間をメンバーからの相談に応じるための時間として明示していました（例えば、「毎週月曜日の13：00〜15：00、木曜日の10：00〜12：00はミーティングOK」などとスケジューラに記入します）。

そして、「何か、相談すべきことがあるときは、そのスケジューラ上でミーティングを設定してほしい」と伝えたのです。もちろん、緊急事態が発生した場合など、至急ミーティングをしなければならない場合は、その時間外であっても（重大な問題であれば深夜でも）、必ず対応するということは伝えます。

これが定着してくれれば、突発的なミーティングがある程度発生することは避けられませんが、それでも、ひっきりなしにミーティングをもちかけられて、自分の仕事に手がつかないという状況に陥ることは避けられるようになります。しかも、そうしたミーティングの場で、小さい意思決定を積み重ねることで、定例会議にかける議題を減らしていくこともできるのです。

定例会議を「責任回避」に使ってはならない

もう一つ重要なポイントがあります。

それは、**定例会議を「責任回避」に使わない**、ということです。

いくら、メンバーが積極的にミーティングをもちかけてくれるようになっても、その場で管理職が意思決定するのを避けて、「定例会議でみんなで議論しよう」という結論になるようでは意味がありません。

そもそも、**定例会議にかける必要があるのは、メンバー全員で認識を統一する必要性が高い案件だけ**です。それに当たらない場合には、少人数ミーティングの場で、管理職が自らの権限においてどんどん意思決定していくべきなのです。それが、管理職の仕事なのです。

にもかかわらず、「一応みんなの意見も聞いておこう」などという理由で、いちいち定例会議にかける管理職がいますが、これは**「合議」を隠れ蓑にして、自らの意思決定責任から逃れようとしているだけ**です。

その結果、定例会議まで意思決定が引き延ばされることによる機会損失も発生しますし、定例会議にかける案件が増えて、メンバーの貴重な時間を奪う結果を招くことになります。

しかも、そのように責任から逃げようとする姿勢はすぐにメンバーにも伝わり、「いい人なんだけど、優柔不断で頼りにならない上司」と信頼を失う結果を招いてしまうでしょう。逆に、その場で意思決定をしてくれる管理職に対しては、「頼りになる上司」として、さらに「信頼」を深めてくれるはずです。

上司にエスカレーションする姿をメンバーに見せる

もちろん、自分に与えられた権限では意思決定できない場合もあります。

その場合には、リアル職場で働いていた頃は、すぐに上司のところにメンバーと一緒に相談に行って、その場で意思決定をしてもらうようにしていました。

ここで重要なのは、**上司に意思決定を〝丸投げ〟しない**ことです。つまり、自分とメンバーで話し合って「自分たちの方向性や目的・ゴール」などを明確にしたうえで、「私たちはこのように考えていますが、よろしいでしょうか？」とジャッジを仰ぐようにするのです。

これには、上司に意思決定を〝丸投げ〟して、無用の負担をかけることのないようにする意味があるのはもちろんですが、それ以上に重要なのは、**管理職が上司からGOサインを得るプロセスをメンバーに見せることで、「社内でどのように意思決定が行われているのか」「社内で提案を通すためには、どのようなポイントを押さえるべきなのか」を学んでもらう**ことにあります。上司にエスカレーションする姿を見せることは、メンバー育成に直結するのです。

また、こうした場で上司とメンバーの接点をつくることで、メンバーが頑張っている姿をプロモートすることもできます。このように、こまめに上司にエスカレーションをすることには、得難いメリットがいくつもあるわけです。

ただし、リモート環境下ではこうはいきません。

上司も管理職もメンバーも異なる場所にいるので、その場でエスカレーションをしにいくことができないからです。これは、リモート環境の大きなデメリットの一つと言っていいでしょう。

リモート環境下でエスカレーションする方法はケースバイケースですが、私は、まずはメンバーをCCに入れて、上司に対して意思決定を求めるメールを出すようにしていました。

重要な案件や込み入った案件の場合には、はじめからオンライン会議を申し入れることもありますが、上司の立場にたてば、リアルな職場で「ちょっとよろしいですか？」と声をかけられるよりも、オンライン会議をもちかけられるほうが負担感は大きいものです。だから、まずはメールでアプローチするのが妥当だと思います。

ここで大切なのは、**できるだけ簡潔に「何を意思決定してほしいか？」「具体的な提案内容」「その提案をする理由」などをまとめること**です。上司が意思決定しやすいようにするのはもちろん、その文面を見せることが、リアルの場でエスカレーションするのと同様に、メンバー育成につながることを意識する必要があります。

そのようなメールを出せば、多くの場合は、メールのやりとりだけで完結させることができるはずですが、より丁寧に説明する必要がある場合には、上司にオンライン会議をメール上で依頼します。そして、メンバーも交えた三人で話し合って、その場で意思決定をするわけです。

ともあれ、ここまで述べてきたように、チーム内の個別ミーティングの場で、どんどん意思決定をしていくことを心がけることが大切です。そうすることによって、**個別ミーティングを活性化することで、メンバーとの接触機会を増やすことができますし、定例会議にかける議題を減らすことで、効率的な会議運営（スピーディな意思決定）ができるようにもなる**のです。

The art of remote team management

24

提案書の「型」をチームで共有する

チーム内の「提案書のレベル」を上げる

定例会議を効率化するためには、重要な議題に絞り込むことが重要です。

そのためには、日常的に行われる、メンバーとの一対一の打ち合わせや、少人数でのミーティングを活性化して、その場で、管理職の権限においてどんどん意思決定していくように心がける必要があります。

ただし、それだけでは足りません。

もう一つ、定例会議を効率化する重要なポイントがあります。

それは、メンバーが定例会議にかける提案のレベルを高めるということです。**レベルの高い提案の条件は二つ。第一に、「簡にして要」を得た内容で、会議におけるプレゼンが3分以内に終わるように整理された提案であること。第二に、意思決定に必要な要素が過不足なく盛り込まれた提案であることです。**

このような提案であれば、プレゼンに要する時間も最短化できますし、プレゼン後に行われるディスカッションも的を射たものになるため、〝回り道〟をせずに意思決定することができます。その結果、定例会議を最大限に効率化することができるというわけです。

ただし、メンバーに「提案のレベルを上げるように」と言うだけでは、そのような状況を生み出すことはできません。チーム内で提案のレベルを上げるために、管理職が適切な働きかけをする必要があるのです。

どうすればよいか？　私は、**パッと見た瞬間に提案内容を把握できるような提案書のサマリー・フォーマットをチーム内で共有するのがベスト**だと確信しています。なぜなら、プレゼンは提案書に沿って行うものだからです。いわば、提案書はプレゼンの〝台本〟。この〝台本〟がシンプルであれば、自然とプレゼンは短縮化されます。そして、提案の要点や論点がほかのメンバーにも即座に伝わることによって、その後のディスカッションも的を射たものになる。結果、意思決定に要する時間が最短化されるのです。

「型」を共有すれば、「会議の質」は上がる

私がチーム内で共有したサマリー・フォーマットは【図24－1】のとおりです。

案件によって項目に若干の変動はあるものの、このサマリー・フォーマット1枚でほぼすべての案件をカバーすることができました。そして、**この「型」を全メンバーに使ってもらうことで、簡潔なプレゼンとディスカッションを実現することができた**のです。

以下、このサマリー・フォーマットのポイントをご説明しましょう。

まず第一に、提案書は箇条書きが基本。業種によってはやむを得ないこともあるで

図24-1　提案のサマリー・フォーマット

Z店改善計画

課題	Z店売上：3ヶ月連続前年同月比割れ
原因	近隣に大型スーパー出店。 ラインナップ数、価格で競争力ダウン。
解決策	オリジナル商品の開発
効果	売上増

	A案	B案
解決策	単価1,000円高級和菓子	単価2,000円おもちゃ付き
効果	3ヶ月売上見込：396万円、 利益211.5万円	3ヶ月売上見込：300万円、 利益225万円
スケジュール	5月5日スタート	8月1日スタート
メリット	有名店和菓子＝話題性高。 早期開始可能。継続性あり。	Max1500体の売上見込 （300万円）
デメリット	日持ち3日（廃棄リスク6％／3個）	1ヶ月500体の限定生産。 マーケットサイズ1,500体で終了。

しょうが、基本的に提案書は文章で書くべきではありません。文章で書かれた資料は要点がわかりにくいうえに、作成に膨大な時間がかかるからです。このサマリーのように、箇条書きでまとめるのが最も効率的なのです。

第二に、フォーマット化することで、管理職はもちろんほかのメンバーが一瞬で内容を把握することができるようになります。

想像してください。各メンバーが思い思いの提案書をつくって会議にかければ、「どこに何が書いてあるか？」をいちいち探さなければなりません。それが、すでにムダなのです。

ところが、統一フォーマットを使えば、一瞬で「どこに何がかいてあるのか？」がわかりますから、このムダが消えてなくなります。提案内容の概要をほんの数秒で把握でき、真っ直ぐディスカッションへと移行できるのです。統一フォーマットは、会議のストレスを軽減するとともに、時短に絶大な効果を発揮してくれるのです。

第三に、メンバーの提案内容に〝抜け漏れ〟がなくなるという効果があります。フォーマット化されているということは、メンバーは項目のすべてを〝埋める〟必要があるということ。**このフォーマットには、「課題」「解決策」「効果予測」「スケジュール」「コスト」など、意思決定を引き出すために不可欠な項目が網羅されていますから、その項目を埋めることによって〝抜け漏れ〟が必然的になくなります。**

これによって、メンバーの提案書作成が効率化するとともに、提案書の差し戻しなど管理職の手間も省けるというメリットが生まれるのです。

なお、【図24－1】のフォーマットは、A案、B案を提案するものになっています。ここでは、提案者がA案を推す形にしていますが、このように**比較検討できるようにしたうえで、「なぜ、A案が優れているのか?」を説明することによって、より説得力のあるプレゼンができる**ため、私はこのような「型」を推奨しています。

「要点→詳細」というコミュニケーションを徹底する

そして、第四のポイントは、サマリーを必須とすることで、会議はもちろん、**仕事**

上のコミュニケーションにおいては、必ず「要点→詳細」というステップを踏むという基本を、メンバーに徹底することにつながるということです。

要領を得ないコミュニケーションは、ビジネスにおける生産性を決定的に傷つけます。長々と説明しても相手には「何が言いたいのか?」がわからない。だから、真意を確認するために質問を繰り返さなければならない……。これでは、コミュニケーション・コストがかかりすぎて、生産性が上がるはずがないのです。

効率的なコミュニケーションを行うために最も重要なのは、「要するに何が言いたいのか?」＝「要点」を明確にすることです。そして、第一声でそれを伝える。詳細は、そのあと説明すればいい。つまり、「要点→詳細」を徹底することが生産性を上げる重要なポイントなのです。

そして、そのようなコミュニケーションが徹底されているチームの会議は、当然、非常に効率がよくなります。そのためにも、1枚のサマリー・フォーマットで提案書を統一する必要があるのです。

もちろん、これはあくまでサマリーですから、このサマリーを補足する「詳細資料」＝「アペンディックス」を用意しなければなりません。**会議におけるプレゼンはサマリーに沿って手短に行い、ディスカッションにおいて質問されれば、アペンディックスを示しながら回答する。**この形をとることで、最短距離で意思決定に到達することができるのです。

The art of remote team management

25 チーム内で「ロジック」を共有する

課題の「現状分析」が甘ければ、「解決策」は100％的外れ

定例会議を効率化するためには、その場で議題となる提案のレベルを高める必要があります。

そのために、私は、【項目24】でお伝えしたような提案のサマリー・フォーマットをチーム内で共有していました。このようなシンプルなフォーマットを共有することで、メンバーに、意思決定に必要な要素を〝抜け漏れ〟なく準備してもらうことで、定例会議でスムーズな意思決定ができるようにするのが狙いです。

ただし、このフォーマットのメリットはシンプルであることだけにあるわけではありません。シンプルでなければ短時間で意思決定することはできませんが、そのうえで、ロジカル（論理的）な提案でなければならないのは当然のことです。だから、あのサマリー・フォーマットは、ロジカルな構成を意識してつくられています。

具体的に見ていきましょう。

【図25－1】のように、サマリーは大きく二つのパートから成り立っています。「現状分析」と「提案」の二つのパートです。

「現状分析」では、第一に「解決しなければならない課題は何か？」という課題設定を明確にしたうえで、第二に「その課題が生じる原因は何か？」を提示します。それを踏まえて、「提案」において、「その原因を解消する解決策」を提案するとともに、「その解決策を実施した結果、期待される効果」を示します。

このように、「現状分析＋提案」というロジックを備えていることが、意思決定を行うためには必須です。

そもそも**「現状分析」が甘ければ、それを踏まえて提案される「解決策」が適切である可能性はゼロ**ですから、まず「現状分析」の妥当性をチェックする。そのうえで、「提案」の中身を吟味。この「提案」に実現可能性があり、成功確率が高いと判断できれば、GOサインを出すことができるわけです。

なお、「提案」においては、**「その解決策を実施するために必要なコスト」と「スケジュール」は必ず明記する**必要があります。費用対効果が意思決定に不可欠なのは言うまでもありませんから、「コスト」を明記するのは当然ですし、どんな適切な「解決策」であっても、時機を逃せば効果は見込めませんから「スケジュール」も必須。この2点を明記しなければ、サマリーとしては不十分と言わざるを得ないのです。

ビジネスで必要なたった一つの「ロジック展開」

さらに、このサマリーには【図25－2】のロジック展開が埋め込まれています。

図25-1　サマリーは「現状分析＋提案」で構成する

	〈○○店〉来客数増加施策	
現状分析	課題	店舗来客数の大幅減
現状分析	原因	接客接遇が不評
提案	解決策	【A案】店長研修の実施
提案	解決策	【B案】全スタッフ研修の実施
提案	効果	顧客満足度90%（8月時点）
提案	スケジュール	【A案】4/1 ～ 4/30
提案	スケジュール	【B案】4/1 ～ 5/30
提案	コスト	【A案】30万円
提案	コスト	【B案】100万円

私は、一般的な事業会社においては、このロジック展開がきちんと組み上げられた提案であれば、ほぼすべての提案事項に対して即決で意思決定できると考えています。よほどクリエイティブな業種でなければ、事業会社で意思決定が求められるのは「問題解決」に関する案件が大半を占めるからです。

重要なのは、「1課題」「2原因」「3解決策」「4効果」の4つが、この順番で並んでいること。そして、それぞれが「なぜ？」「だから、どうする？」「すると、どうなる？」という言葉でつながっていること。これを意識することで、提案には自然と強力なロジックが備わるのです。

「なぜ？」「だから、どうする？」「すると、どうなる？」

例えば、ある小売企業で店舗の来客数が大幅に減少していたため、上層部から対応策を考えるように指示があったとしましょう。この指示を受けた管理職が、あるメンバーに検討を依頼した場合、およそ次のようなプロセスで「ロジック」を組み上げていくことになります。

図25-2　提案書サマリーに必須の「ロジック展開」

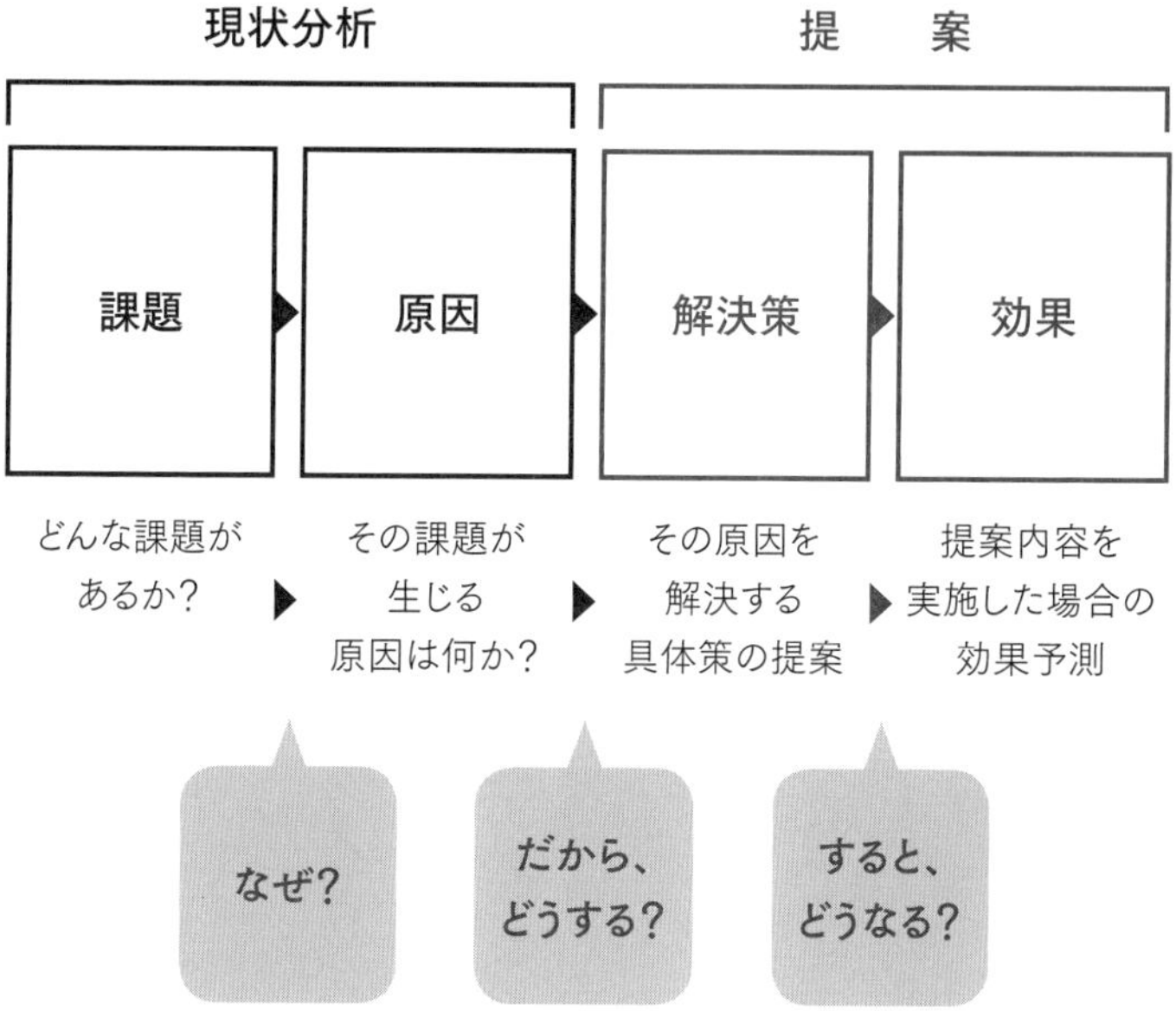

この場合には、「課題」は「店舗来客数の大幅減少」となりますので、まず、「なぜ、来客数が大幅減少しているのか？」という問いかけに答えるために、その「原因」を探ることから検討を始めることになります。

おそらく、担当メンバーは、顧客アンケート、スタッフアンケート、あるいはミステリーショッパーの調査などの方法によって、「原因」を追求するはずです。その結果、「接客接遇の不評」「店舗が汚れている」「店舗外装の陳腐化」「什器が古い」などの原因が見えてくるでしょう。そして、最も優先度が高いと見られる「接客接遇の不評」をテーマに検討を進めることを決定します。

続いて、「だから、どうする？」という問いかけに答えます。

「来客数減」の原因が「接客接遇の不評」にあるという現状分析に対して、「こうすれば、その原因が解消できる」と提案するわけです。

これにも、さまざまな解決策が考えられるはずです。そこで、「店長に対する接客接遇研修を実施しよう」「いや、スタッフ全員に研修をしたほうがいいのではないか？」「接客接遇マニュアルを配布するのはどうか？」などと検討を加えたうえで、そのなかで有力な解決策を絞り込みます（このサマリーではA案B案の両論併記しています）。

さらに、「すると、どうなる？」という問いに答えます。

例えば、「店長に対する接客接遇研修」を提案するならば、費用対効果を試算するなどして、その「効果」をできる限り数値化するのです。

もちろん、実際にやってみなければ、どのような効果が生まれるかはわかりませんが、できるだけ精度の高い試算を示すことが大切です。その**効果が大きいことに説得力が備わっていれば、意思決定を即座にくだすことが可能になる**からです。

メンバーの「ビジネス思考」を鍛え上げる

このようなプロセスで、提案内容を詰めていけば定例会議では「的を射た議論」が可能になりますから、スピーディに精度の高い意思決定ができるようになるわけです。

そして、この「ロジック展開」をチーム内に浸透させるとともに、その**思考プロセスをメンバー一人ひとりにマスターしてもらうために重要なのが、管理職がメンバーと行う少人数ミーティングの場**です。

そうした場で、提案内容の相談を受けたときに、

「この4つのロジックが適切に組み上げられているか？」

「原因分析は十分か？」

「解決策に説得力はあるか？」

「効果予測は現実的か？」

「提案内容がデータに裏付けられているか？」


などといった観点で、管理職がしっかりと確認。必要であれば、不備を指摘したり、質問をすることによって、メンバーと一緒に提案内容をブラッシュアップしていくとともに、この「ロジック展開」を軸に思考プロセスを深めていく訓練を行うのです。

その結果、定例会議が効率化されるにとどまらない、絶大なメリットが管理職にも

たらされることになります。

なぜなら、メンバー全員がこうした「ビジネス思考」を身につけていくことができれば、管理職のサポートがなくても、自力で優れた提案を構築することができるようになるからです。そして、メンバーが「自走力」を高めることによって、管理職にかかる負荷を最低限にすることができるのです。これも、「課長2・0」を実現する重要な礎となるのです。

The art of remote team management

26 意思決定の「3大ポイント」とは?

「本当に利益をもたらすのか?」という財務的視点

【項目25】でお伝えしたように、ビジネスにおける提案は、「1課題」「2原因」「3解決策」「4効果」の四つのロジックを的確に組み立てることで、スピーディかつ精度の高い意思決定をすることができます。その結果、チーム内の会議も効率化することができるわけです。

ただし、これだけでは足りません。その大前提として押さえておかなければならないポイントがあります。それが【図26－1】に示す三つのポイントです。

図26-1　絶対に押さえるべき3つのポイント

❶ 財務的視点	「本当に利益を生み出すのか？」
❷ 実現可能性	「本当に現場でうまく回せるのか？」
❸ 企業理念との整合性	「会社の理念と合っているのか？」

まず第一に、**あらゆる意思決定は「会社に利益をもたらすもの」でなければなりません。**

当たり前のことですが、企業はあくまで「営利事業体」。利益を出さなければ事業を継続することはできませんから、「儲からないだろうけど、おもしろいアイデアだ」「儲からないだろうけど、メンバーの士気を下げないためには仕方がない」などという理由でGOサインを出すことは許されません。

ですから、現状よりも収益アップやコストカットなど、何らかの財務的なデータが改善されることが一定の確率以上で見込まれることは、意思決定の判断基準として絶対に外すことはできません。

「より多く」「より速く」が判断基準

では、この「財務的視点」による意思決定をスピーディに行うためにはどうすればいいのでしょうか？

最も効果的なのは、社内に基準となるルールが整備されていることです。例えば、財務部門が「財務的視点」から事業の適正性をチェックする体制が整っていれば、その基準をクリアしているかどうかをチームで共有しておけば、会議における意思決定もスピーディにできるのは明らかです（ただし、融通が効きづらいというデメリットもあります）。

このようなルールが整備されている会社であれば、マネージャーは財務部門と随時コミュニケーションを取りながら、「財務は、どういう角度でチェックしているのか？」「基準に変更はないか？」などの情報を得ておくことが大切です。その情報を随時、会議やミーティングの場でメンバーに伝えておけば、彼らも精度の高い提案書をつくりやすくなるでしょう。

また、日頃のコミュニケーションによって、財務部門の信頼を得ておけば、個別の提案に対して、財務部門から〝重箱の隅〟をつつくようなチェックをされることも減らすことができるでしょう。その結果、財務部門からのリスポンスもスピーディになり、その事業に着手するタイミングを早めることもできるのです。

そのような社内ルールがない会社もあるでしょう。

その場合には、【図26－2】のように整理すると素早い意思決定が可能になります。

まず最低限のラインを明確にします。すなわち、**「利益が1円でも出るのかどうか?」という判断基準**です。当たり前のことですが、「1円の利益も出ない」のであれば、即座にNGと意思決定することができます。つまり、メンバーが提案書をつくる際には、この「最低限のライン」をクリアしている根拠を明示する必要があるということです。

もちろん、これは案件によって、また、部署によって判断は異なります。クレーム対応や設備改修などは、直接的に利益を生み出すわけではありませんが、将来的な利益に対して実施すべきことです。あるいは、管理部門やシステム部門などのコストセンターにおいても同様です。このような場合には、将来利益に対して適切な投資であることを明示する必要があるということです。

図26-2　「財務的判断」の優先順位

1	**ベネフィット** 利益が1円でも出るのかどうか？
2	**インパクト** どちらがより多くの利益をもたらすのか？
3	**スピード** どちらがより短期間で利益が出るか？

そして、第二のポイントは、「どちらがより多くの利益をもたらすのか？」という判断基準です。

これも当然のことですが、ある課題に対して複数の解決策が存在する場合には、「より多くの利益をもたらす解決策」を選択するわけです。だから、メンバーが提案書をつくる際には、「利益の大小」が一目でわかるように「A案B案」を提示する必要があります。

では、「A案B案」ともに同程度の利益が見込める場合には、どう考えればいいでしょうか？

そこで重要なのが、第三の判断基準である「スピード」です。つまり、より短期間で利益が出る選択肢を採用すべきであるということです。そのためにも、提案書には必ず「いつまでに実現できるのか」というスケジュールを明記するように、メンバーに徹底する必要があるのです。

「現場でうまく回るのか？」という実現可能性

意思決定において絶対に押さえるべき第二のポイントは「実現可能性」です。どんなにデータ上は効果が見込めるアイデアでも、現場でうまく回せないような提案では意味がありません。

例えば、小売店舗で大安売りをすれば、確実に集客を増やすことはできるでしょう。しかし、現場のオペレーションに無理があれば、必ず破綻《はたん》します。その結果、予測していた集客増は〝絵に描いた餅〟となるだけではなく、顧客に迷惑をかけたり、現場のモチベーションを下げるなど、会社に大きな損害を与えかねません。

ですから、意思決定をする際には必ず、この「実現可能性」を確認する必要があります。

そのためには、まず、**管理職が「この提案をすれば、社内の他部署にどのような影響があるか？」を考える**ことです。そして、提案してきたメンバーに、個別具体的な関係部署を示しながら、「彼らとコミュニケーションは取った？」「現場に足を運んで確認した？」などと必ず確認するのです。

経験の少ない若いメンバーの場合には、管理職が関係部署の担当者とアポイントを取って、メンバーと一緒に打ち合わせを行ったほうがいいでしょう。関係部署の意見を受け止めながら、必要であればアイデアに修正を加えたりすることによって、彼らの支持を取り付けていくプロセスを実際に見せるのです。

こうしたことは、口頭で伝えるだけではなかなか伝わりづらいものですから、何度か管理職が実際のプロセスを見せることが重要です。そして、こうしたプロセスの重要性を肌で感じることができれば、若いメンバーの社内での立ち回り方が上達することによって、管理職が社内トラブルの対応に追われるような事態も減らすことができるのです。

「実現可能性」でもう一つ注意すべきことがあります。

利益率を向上させるためにコスト削減を提案するのは、財務的視点からは有意義なことですが、そのために社員に過重な負担をかける結果を招くことがあります。社内リソースだからといって、社員に皺寄せをするようなことをすれば、早晩、社員が疲弊し、不満が蓄積することによって、組織が機能不全に陥ることになるでしょう。

つまり、そのような提案は、長期的な視点で「実現可能性」に欠けているということ。**コスト削減は比較的容易にできるものですが、その結果、組織に深刻な悪影響を及ぼすことがないかという視点を管理職は決して失ってはならない**のです。

「企業理念」に合致しているか？

第三のポイントは、「企業理念」との整合性です。

どんなに利益に貢献し、実現可能性があっても、それだけで意思決定ができるわけではありません。

意思決定とは「ある目標を達成するために、複数の選択可能な代替的手段の中から最適なものを選ぶこと」（『大辞林』、三省堂）ですが、企業における究極の「目標」

とは、企業理念においてほかにはないからです。

企業には、「利益を出す」「顧客を創造する」「事業を継続する」「ブランドを向上する」などさまざまな目標がありますが、それらは究極の目標ではありません。**「利益を出す」のも、「顧客を創造する」のも、あくまで「企業理念」を実現するための手段**にすぎません。企業における意思決定の根幹には、常に「企業理念」が存在していなければならないのです。

例えば、ソフトバンクは「情報革命で人々を幸せに」という理念を掲げていますから、単に「儲かる」というだけではGOサインを出すことはできません。「情報革命に資するか？」「人々を幸せにするか？」というポイントをクリアしていることが、意思決定における絶対条件でなければならないのです。

ですから、管理職自身が意思決定する際に、「企業理念に合致しているか？」という判断基準がブレないようにすることが非常に重要です。

例えば、売上目標に到達しそうにない状況だからという理由で、企業理念の観点からするとグレーゾーンに当たるような手法で売上を取りに行くようなことをすれば、それを目撃したメンバーの規律を著しく損なうことになるでしょう。

売上未達に終われば管理職の責任が問われますから、グレーゾーンに当たる手法であっても手を出したくなる気持ちはわかります。

しかし、売上は来期以降に挽回できるものですが、チーム内の規律は一度崩れれば取り返しがつきません。だから、どんなときでも「企業理念」を遵守する覚悟を固めておくことが大切なのです。

The art
of remote team
management

27

オンライン会議の「ルール」を共有する

「オンライン会議は不完全である」

という認識を忘れてはならない

会議はリアルで行うのがベスト――。

私は、そう考えています。なぜなら、リアル会議はオンライン会議に比べて、メンバー間で交わされる情報量が圧倒的に多いからです。

メンバーが同じ空間に居合わせて会議をするときに流通する情報は「言葉」だけではありません。表情や仕草、声音、さらには場の空気など非言語的な情報のほうが圧倒的に多いのが現実。そして、**「言葉」と「非言語的な情報」が合わさって、はじめ**

て実のある議論が成立し、結論を腹に落とすことができるのです。

なかでも、場の空気を感じることは、人間がコミュニケーションを取るうえでは非常に重要です。それは、オンライン会議を経験したら一発でわかることです。相手の顔も見えるし、声も聞こえますから、非言語的情報もやりとりしているはずなのに、それでも何かが足りない。本当に意思疎通ができたのか不安が残るのです。これはおそらく、普段、私たちが場の空気から微妙なニュアンスを感じ取りながらコミュニケーションを行っているからです。

そして、真に腹落ちのできるディスカッションを経た意思決定でなければ、その意思決定に基づくメンバーのアクションの質も落ちます。ですから、チームにとって最高の意思決定の場である「定例会議」は、できればリアルで開催するのが望ましいと、私は思っています。

とはいえ、リモート環境下ではそういうわけにもいきません。

そこで、私ならば、例えば、月に最低でも1～2回は全員が集まるようにするなど、

「リアル会議」の場を確保することで、「オンライン会議」の情報不足というデメリットを少しでもカバーしようとすると思いますが、実際には、「オンライン会議」を主体に回さざるを得なくなるでしょう。

その際に重要なのは、「オンライン会議」は不完全であるという認識を忘れないことです。不完全だという認識があればこそ、それを補う工夫をしようと思うからです。

そして、私は、「オンライン会議」では、【図27－1】のような「10のルール」を参加者で共有するようにしています。

なお、私は**「リアル会議」をやりながら、リモート環境下にある数人のメンバーだけ「オンライン参加」するという形は、なるべく避けたほうがよい**と考えています(もちろん、やむを得ない場合はありますが……)。

なぜなら、「リアル」と「オンライン」ではコミュニケーション環境が違いすぎるために、「オンライン参加者」が取り残される展開になることが多いからです。

例えば、誰かの発言に、リアル参加者は瞬時で反応できますが、オンライン参加者にはそれができません。ほんの0・1秒の遅れであっても、それがコミュニケーショ

図27-1　オンライン会議　10のルール

1	マイクはミュート(話すときにON)
2	カメラはONにする
3	カメラレンズを見て、普段より2割増しの音量でゆっくり話す (Webカメラ・イヤホンマイク・照明を用意)
4	ゴールを明確にする
5	発言者はファシリテーターが指名する
6	発言が終わったら「以上です」と言う
7	発言時間に制限を設ける
8	質問はチャットに記入する
9	マルチタスクはしない
10	落ちたときの対応を決める

ンに与える影響は大きいものです。瞬時に反応できるリアル参加者だけで盛り上がって、オンライン参加者はそれをPC画面で眺めているようなことになりがちなのです。

そのようなことを避けるためには、**リアル会議をやるときには全員が会議室に集まるようにして、それができない場合には、全員がオンラインで参加する**ほうが賢明だと言えるでしょう。

PC画面に映る「メンバーの顔」ではなく、「カメラレンズ」を見ながら話す

さて、ここから「オンライン会議　10のルール」を説明してまいります。

【ルール1】マイクはミュート（発言するときにON）

これは、雑音を排除して、会議内容に集中できる環境をつくるために欠かせないルールです。自宅から参加しているメンバーであれば「生活音」をマイクが拾ってしまうことがありますし、やむを得ず喫茶店などから参加している場合には、周囲の雑音を拾ってしまいます。あるいは、PCが発するメールの着信音なども頻発すると、会

議の妨げになります。ですから、必ず、参加者はマイクをミュートにして、発言するときのみマイクをＯＮにするように徹底する必要があります。

【ルール２】カメラはＯＮにする

次に、「２　カメラはＯＮにする」です。

すでに触れたように、オンライン会議では、画面上で他の参加者の顔を見ていても、リアル会議よりも格段に少ない情報量しか伝わりません。ですから、「カメラをＯＦＦ」にしたら、ほとんど何も伝わらないと考えるべきです。時には、今誰が発言しているのかすらわからないこともあるでしょう。そのような状態では、まともな会議運営は不可能ですから、必ず「カメラはＯＮにする」ようにルール化することをおすすめします。

ただ、自宅のＷｉ－Ｆｉ環境がよくないために、「カメラをＯＮ」にすると通信遅延が生じるなどの理由から、「カメラはＯＦＦにする」というルールを設けている会社もありますが、これは本末転倒だと私は思います。

社内の各部署が質の高い会議を行うことこそが、会社の生命線であり、リモートワークの成否を左右する重要なポイントです。だから、会社としてリモートワークを推進するのであれば、会社が通信費を補助してでも、全社員に良好な通信環境を提供することを考えたほうがよいと、私は思うのです。

管理職の「表情」と「声音」が、オンライン会議の雰囲気を左右する

【ルール3】カメラレンズを見て、普段より2割増しの音量でゆっくり話す（Webカメラ・イヤホンマイク・照明を用意）

オンライン会議で発言するときには、必ずカメラのレンズを見て話すようにします。

ついつい私たちは、相手の顔をまっすぐに見つめながら話そうとして、PC画面に表示される他のメンバーの顔を見ながら話してしまいがちです。自然にそうなってしまうのですが、これはよくありません。

なぜなら、相手のPC画面に映し出されるのは、明後日の方向を向いて話す私たち

の顔だからです。それでは、どんなに一生懸命に話しても、相手には説得力を感じてもらえないでしょう。だから、**オンライン会議で話すときは、必ずカメラのレンズを見つめながら話す**ようにしなければなりません。

「画像」だけではなく、「音声」も重要です。

オンライン会議では音声が確実に劣化しますから、リアルなコミュニケーションと同じ感覚で話すと、相手にとっては非常に聞き取りづらい話になってしまいます。そこで、**普段よりも2割増しの音量を出すことを意識して、ゆっくりした口調とはっきりした発音で話すように心がける**必要があります。

また、こうしたオンライン環境のデメリットをできるだけ解消するために、Webカメラ、イヤホンマイク、照明の「3種の神器」を揃えるようにメンバーに促したほうがいいでしょう。少なくとも、会議の主催者である管理職は絶対に揃えたほうがいいと思います。

というのは、**オンライン会議でメンバー全員が注目するのは、管理職の表情や声音**

だからです。**管理職の発言内容がどんなに前向きであったとしても、表情や声音がネガティブな印象を与えてしまえば、会議そのものがネガティブな雰囲気のものとなってしまう**のです。

これは、「メラビアンの法則」が明らかにしたことで、「『楽しいね』と言いながら、声のトーンは低く、不機嫌な顔している」といったような、言葉と表情、態度が矛盾している状況において、人の印象に影響を与える度合いは、「視覚情報（見た目、しぐさ、表情、視線）」が55％と最大で、次いで「聴覚情報（声の質や大きさ、話す速さ、口調）」が38％、「言語情報（言葉そのものの意味、会話の内容）」は7％に過ぎないのです。

だからこそ、管理職はWebカメラ、イヤホンマイク、照明を揃えて、メンバーのPC画面に自分の顔がどのように映り、スピーカーを通してどのような声音で伝わるかに十分に配慮する必要があります。

まず、PC内臓のカメラの性能はそれほどよくありませんから、専用のWebカメラを用意して、自分の顔とほぼ同じ高さにセッティングします。**ノートPCの場合に**

内蔵カメラのほうを向いて話すと、メンバーのPC画面では〝上から目線〟で話しているように見えるので要注意。Ｗｅｂカメラと目線の高さを揃えて、まっすぐ向き合って見えるように調節します。

照明も大切です。自宅の照明だけでは、顔が薄暗く映ったり、場合によって影がかかるようなこともあります。それでは、不健康で暗い雰囲気になりますから、専用の照明をセッティングして、顔が健康的に映るようにします。そして、イヤホンマイクを使用することで、自分の声を高音質で伝えるようにすれば完璧でしょう。

オンライン会議は、「集中力」が途切れやすい

【ルール４】ゴールを明確にする

会議を始めるときに、ゴールを明確にしておくことも大事です。

その会議で「何を決めるのか」をメンバー全員で共有しておくのです。これは、リアル会議かオンライン会議かを問わず重要なことですが、オンライン会議ではより一

層注意したほうがよいでしょう。

なぜなら、**オンライン会議はリアル会議よりも集中力が途切れやすい**からです。

例えば、同じ空間に全員が集まっているリアル会議の場で、マルチタスク（いわゆる〝内職〟）をする人はめったにいませんが、オンライン会議では、手元が見えませんからマルチタスクがやりやすい。これ一つをとってみても、〝場の強制力〟とでも言うべきものが働くリアル会議よりも、オンライン会議は集中力が途切れやすいことがわかるかと思います。

そのため、オンライン会議では、ゴールが不明確なために議論が迷走したりすると、会議が弛緩《しかん》しきってしまうことになります。だから、必ず最初の段階でゴールをしっかりと共有して、集中力を維持したまま最短距離で意思決定まで走り抜けることを強く意識する必要があるのです。

発言時間に「制限」を設ける

【ルール5】　発言者はファシリテーターが指名する
【ルール6】　発言が終わったら「以上です」と言う

もうひとつ、オンライン会議の難点として挙げられるのが、参加メンバーが発言のタイミングをつかみにくいということがあります。

リアル会議の場合には、発言者の呼吸などを読みながら、言葉を挟むタイミングをはかることができますが、オンライン会議ではこれが非常に困難。そのため、どうしてもコミュニケーションがぎこちなくなりがちで、そのことによって参加メンバーにストレスを与える結果を招いてしまうのです。

そこで、発言したい人は挙手をするなどサインを送り、それを確認したファシリテーターが指名することをルールにします。また、発言が終わったら「以上です」と言うことをルール化しておけば、発言がかぶることもなくなりますので、オンライン会議でもスムーズなコミュニケーションを成立させやすくなるのです。

【ルール7】発言時間に制限を設ける

オンライン会議では、発言時間が長くなりがちなことにも注意が必要です。

リアル会議でも、長々と話してしまう人はいますが、度が過ぎると〝場の空気〟がどんよりするなど、「自分がしゃべりすぎている」ことに気づかせてくれるサインが発せられます。しかし、オンライン会議ではこうしたサインがわかりにくくなりますから、発言が長くなりがちで、会議そのものがダレやすいものです。

ですから、例えば「発言は1分以内におさめる」などとルール化するとともに、タイムキーパーを任命して、タイムオーバーしそうな場合には指摘するようにするといいでしょう。

【ルール8】質問はチャットに記入する

また、提案者がプレゼンをした後には、メンバーから質問を受けたうえで、意見交換をすることになりますが、この流れをスムーズにするためには、質問を個々に発言してもらうのではなく、プレゼンを聞いている最中に、疑問点や質問をWeb会議アプリに内臓されているチャット機能を使って、どんどん書き込んでおいてもらうようにします。

チャットに書き込んでもらっておけば、プレゼン終了後に、ファシリテーターが一つずつ読み上げながら、プレゼンテーターに回答してもらうことができますので、非常に効率的にこのプロセスを終えることができるからです。

なお、チャットに記入するときには、**「一つのチャットに一つの質問」を徹底**してもらいます。一つのチャットにいくつもの質問を書き込むと、ファシリテーターが質問内容を把握するのに時間と労力がかかるためです。

「マルチタスク厳禁」を徹底する方法

【ルール9】マルチタスクはしない

先ほども触れましたが、オンライン会議では「マルチタスクがやりやすい」というデメリットもあります。これを放置すると、会議の質はどんどん低下しますから、「マルチタスク厳禁」を徹底するように呼びかけるようにします。

あまりにひどい場合には、マルチタスクをしているメンバーと個別に話し合って注意喚起をする必要があります。ただし、その際には、まず第一に、**管理職が、自分の議事進行がまずいために、そのメンバーが参加意欲を失っている可能性を検討することを忘れてはなりません。**

そして、個別に話し合うときには、まず、「議事進行や会議のあり方に問題意識はないか?」と尋ねるところから始めるほうが得策です。もしかすると耳の痛い指摘をされるかもしれませんが、それを受け止め、必要であれば改善を約束したうえで、「マルチタスクをやめて、会議に集中してほしい」と理解を求めるほうが、建設的な話し合いになる可能性が高いでしょう。

【ルール10】落ちたときの対応

最後に、通信回線の問題などで、Web会議アプリが落ちてしまったときのバックアップ手段を準備しておくとともに、その方法をチーム内で共有しておいたほうがいいでしょう。

例えば、基本的にZoomを使って、バックアップ用にTeamsも登録しておく。

万一、Ｚｏｏｍが落ちた場合には、Ｔｅａｍｓのアクセス・アドレスをメールなどで伝える。こういった段取りをあらかじめ決めておけば、万一のときにも、会議をスムーズに修復することができます。

管理職のなかには、こうしたＩＴツールに苦手意識をもっている人もいますが、リモート環境下においては、それでは管理職は務まりません。ぜひ、勉強をしてＩＴツールを使いこなせるようにしてください。

The art of remote team management

28 会議は「人材育成」の場である

会議の「ファシリテーション」は、メンバーの持ち回りにする

私は、定例会議の議事進行でこだわっていることがありました。

【項目22】でお伝えしたように、私は、「30分会議」の前半15分を「インプット（情報共有など）」に、後半15分を「アウトプット（提案プレゼン、意思決定）」に使うようにしていましたが、「インプット」のパートは管理職である私が司会進行をしますが、「アウトプット」のパートのファシリテーションはメンバーの持ち回りにしていたのです。

狙いは大きく3つあります。

まず第一に、意思決定者である管理職がファシリテーターを務めると、どうしても発言者に遠慮や忖度が生じ、議論を歪めるおそれがあるためです。むしろ、管理職はメンバーのディスカッションを第三者的に聞くことで、意思決定に向けて思考を深めることに集中すべきなのです。

また、管理職はメンバー全員が参加する定例会議の場で、メンバー一人ひとりの体調やメンタルの状況をチェックすることも意識したほうがいいので、その意味でも、管理職自らがファシリテーターとして議論に入り込むよりも、メンバーの様子を客観的に観察できるポジションを確保したほうがいいと考えています。

オンライン会議では特にそうです。

繰り返し述べてきたとおり、オンライン会議はリアル会議に比べて、「表情」や「場の空気」などの非言語的情報が圧倒的に少ないので、メンバーがどういう状態にあるかを把握するのが難しいからです。

だから、メンバーにファシリテーターを任せるだけではなく、タイムキーパーや議事録担当者なども、別々のメンバーに任せて、一人ひとりにかかる負荷を少なくしたほうが、実りのある会議になるでしょう。

メンバーの「当事者意識」を育てるとっておきの方法

第二に、会議の活性化です。

会議とはメンバー全員の共同作業です。もちろん、管理職が果たすべき役割は非常に大きなものがありますが、個々のメンバーが会議に積極的に参加する「一座建立」の気持ちがなければ、管理職ひとりの力では限界があるのは自明のことです。

そこに、メンバーに持ち回りでファシリテーションを任せることに意味が生まれます。なぜなら、ファシリテーションのスキルは、非常に難易度が高いからです。メンバーの意見を引き出し、議論がズレたら軌道修正をし、的確な意思決定ができるようにさまざまな意見を整理するとともに、議論を焦点化していく……。慣れないうちは、思うようにはいきません。

しかし、それがいいのです。

ファシリテーションの難しさを実感したメンバーは、会議に非協力的であることが、どれだけファシリテーターに苦痛を与えているかを体感することができます。この経験が、彼らの会議に向き合う姿勢を自然と変えてくれるのです。

もちろん、それは議論が収束しやすいように、自らの本音を隠して大勢の意見に迎合することではありません。それは、むしろファシリテーションの「失敗」です。

そうではなく、よりよい意思決定に貢献するために、真剣に自分の意見をまとめて率直に発言したうえで、異なる意見もしっかりと受け止めて、論点を絞り込んでいく作業を共同で行えるようになる。要するに、メンバー一人ひとりが会議の当事者意識を身につけることで、必然的に会議は活性化されていくのです。

「会議のファシリテーション」から、「育成のファシリテーション」へ

第三に、メンバーの育成です。

ファシリテーションのスキルを身につけるためには、関連書籍を読んだり、研修を受けるのも有効ですが、実体験をすることに勝る方法はありません。その実体験を、管理職の庇護《ひご》のもと、最も安全にできるのが定例会議の場にほかなりません。そこで経験を積んでもらうことで、将来的に管理職として仕事をすることができる人材へと育成することができるのです。

また、定例会議で身につけたスキルを活かして、社内外で行われる会議でもファシリテーションができるようになると、ビジネスマンとして非常に自信がつきます。この自信が、「自走力」を高めてくれるのです。だから、管理職は、「会議のファシリテーション」はメンバーに任せて、自分は「育成のファシリテーション」というポジションに立つことを意識すべきなのです。

では、どのようにファシリテーションを指導するのか？

私が特に意識したのは、「発言をいかに引き出すか？」というポイントでした。会議の最中は、基本的にじっと黙ってPC画面上で「メンバーの状況」や「議論の流れ」を観察していますが、ファシリテーションをしているメンバーが、このポイントで躓いていたり、ほかのメンバーが浮かない表情をしていると感じたら、頃合いを見て、「ちょっといいですか？」と議論に介入して、ファシリテーションを実演してみせていました。

特に、**ファシリテーションで大事なのは、メンバーから本音の意見を引き出すこと**です。これができなければ、そもそも会議が成立しませんし、参加者もうちに秘めている思いを吐き出すことができず不満が募ってしまうからです。これこそが、会議の質を高める大前提となるのです。

ただし、ストレートに「Aさん、いかがですか？」と尋ねても、相手は話すとっかかりを見出せずに、黙ってしまうものです。特に、若いメンバーは、先輩たちを前に遠慮しがちですからなおさらです。だから、彼らが意見を言いやすいように、質問に

「角度」をつけてあげる必要があるのです。

そういう工夫もせずに、「あのメンバーは会議で発言もしない」と決めつけるようなことは、絶対にやってはならないと思います。そのようなレッテルを貼られたメンバーは、余計に萎縮して意見を言えなくなってしまうからです。

「本音の意見」を引き出す「質問」の技術

例えば、「Aさん、いかがですか？」と聞かれたときに、「Bさんと同じです」と返してくる人がいます。そんなときには、**「では、Bさんの意見を、自分の言葉で言うと、どんな表現になりますか？」などと質問に「角度」をつけてあげます。**

そうすると、その人なりに話し始めます。しかも、その人の言葉で説明をしようとすると、実は、Bさんとはかなり違った意見であることがわかったりすることが多いように思います。つまり、Bさんの意見に「総論」としては賛成だけど、「各論」では異論もあるということです。

こういう意見が貴重です。

なぜなら、ほかのメンバーも「各論」について、さまざまな意見を言い始めることが多いからです。会議が活性化するとともに、議論に深みが出てくるのです。

このように、メンバーが意見を言いやすくなる質問の仕方には、いろいろなものがあります。例えば、「ＡさんとＢさんの意見を踏まえて、Ｃさんはどう思う？」と質問をすれば、Ｃさんには特段の意見がなかったとしても、ＡさんとＢさんの意見に対してコメントすることはできます。

私は、それまでの経験で身につけてきた「質問の技術」を、こうした場面で実演してみせることで、メンバーたちに経験値を高めてもらおうとしていました。いわば、ＯＪＴのようなものです。

ファシリテーションは実践できなければ意味がありませんから、書籍を読んで学ぶだけではなく、場数を踏みながら実践的に学んでもらうのがベストなのです。その意味で、**会議の場は、メンバーを育成する絶好の機会**です。管理職は、その観点から会議をデザインするように意識をするべきだと思うのです。

第5章

「課長2・0」とセレンディピティ

The art of remote team management

29

自分の「ポジション」を守らない

管理職として「身軽」になるために、やっておくべきこととは？

部下をいかにプロモーションするか？

これは、「課長2・0」を実現するうえで、非常に重要なポイントです。

第4章までで述べてきたように、メンバーとの信頼関係という「インフラ」をベースに、丁寧なコミュニケーションを取りながら彼らの「自走力」を引き出し、適時的確な「意思決定」によって、チームを活性化させることができれば、徐々に現場への介入から手を引くことができるようになります。

　ここで大切なのは、**自分の「後任候補」として育成してきたメンバーに、どんどん仕事を手渡していく**ことです。職制上の責任は管理職である自分にあるのは当然のことですが、実質的にいくつかのプロジェクトの管理を「後任候補」に任せて、自分は後方支援に回るわけです。

　それは、「後任候補」に管理職としてのウォーミングアップをしてもらう意味があるとともに、自分自身が「身軽」になることにつながります。そして、職場やチームに縛り付けられることなく、より自由に行動する「課長２・０」の状態へと移行していくことができるわけです。

　ただし、これを実践するためには、**そのメンバーが「後任候補」であるということが、本人はもとより周囲に認知されていなければなりません。**

　本人もその認識があるからこそ、業務上の責任が増えることを受け入れることができるわけですし、上司や上層部にその認識がなければ、部下に無責任に仕事を放り投げているように見えかねません。それでは、適切なチーム運営をすることは難しくなるでしょう。

そこで重要になるのが、部下のプロモーションです。

もちろん、「後任候補」のみならず、すべてのメンバーの実績や能力、可能性、努力などを社内に知らしめて、彼らのブランディングをする必要があります。そうすることがチームのブランディングにもつながりますし、メンバー一人ひとりのモチベーション・アップにもつながるのです。

部下プロモーションは、「反復連打」が効果的である

やり方は簡単です。

チームとしてポジティブな評価が得られる局面で、それに貢献した担当者の名前をコツコツと伝え続けるのです。

例えば、上司にあるプロジェクトの実績が上がったことを報告するときには、必ず、

担当者の名前を伝える。あるいは、上層部も同席する重要な会議で事業提案プレゼンをして「GOサイン」を得られたときには、「これは○○さんの企画です。最近、めきめき力をつけているんです」などとさりげなく付け加えるのです。

「さりげなく」というのが重要です。

あまりわざとらしくなると、白々しく聞こえるので逆効果です。むしろ、聞き流されるくらいでいいのです。それよりも重要なのは、ことあるごとに繰り返すことです。そんな機会が積み重なることによって、上司などの心のなかに、自然とメンバーたちに対する高評価が刷り込まれていきます。**「反復連打」が、部下プロモーションにはきわめて有効**なのです。

なかでも、「後任候補」のプロモーションには時間と手間をかけます。

最も効果的だと思ったのは、私が参加する社内会議に同席させたり、代理出席させることです。そこで経験を積んでもらうことで、「後任候補」として上層部や他部署のキーパーソンにプロモーションするとともに、そのメンバーのさらなる育成にもつながるからです。

上層部の会議に同席させるためには、そのメンバーが中心となってまとめた提案をプレゼンするときに連れて行くのがいちばん自然でしょう。その提案について最も詳しいのはその人物以外にいませんから、上層部の方々も拒否する理由がないからです。

上層部の会議に同席させて、「後任候補」を育てる

もちろん、最初から、本人にプレゼンさせる必要はありません。

まずは、私が、どのように準備をして、どのようにプレゼンをして、質疑にどのように回答して、どのように「GOサイン」を勝ち取るのか、そのプロセスを実演してみせます。実際にやってみせることで、部下にロールモデルを提供することに徹するのです。

そして、徐々に、本人の役割を増やしていきます。まずは、プレゼン資料の準備をさせる。次に、プレゼン内容についての質疑応答の際に、できるだけ部下に応えても

らうようにする。最後に、実際にプレゼンまで彼にやってもらうというふうに、ステップを踏んでいくのです。

当然、最初は失敗することも多いものです。

そもそも、まだ役職もついていない中堅メンバーが、いきなり上層部の会議で発言するだけでも強い緊張を強いられます。言わなくてもいいことを口走ってしまったり、誤った情報を伝えてしまったり、つい生意気な発言をして叱責されるようなこともあるかもしれません。

しかし、それも貴重な経験。通過儀礼のようなものです。**致命傷にならないようにフォローしてあげていれば、その失敗から多くのことを学んでくれる**はずです。

ただ、上層部の会議で叱責などされると、精神的ダメージは大きいため、時には、意識してそのメンバーを褒める必要もあるでしょう。ここで、私が意識したのは「成長」を具体的に褒めるということです。

例えば、「今日のあの発言は言葉足らずで不用意だったけれど、以前は、君自身の意見をなかなか口にできなかったのに、あのように事業の問題点に一歩踏み込む発言をしたこと自体は素晴らしかったと思うよ。次は、真意がちゃんと伝わるように言葉を尽くすことを意識してほしい」などと褒めるべきところ褒めながら、ネクストステップを示すわけです。

このような働きかけをすれば、失敗をして落ち込んでいるメンバーも、褒められたことで気持ちが上向き、ネクストステップを提示されたことで次に向けて気持ちを切り替えることができます。こうして、ステップ・バイ・ステップで成長していってもらえればいいのです。

太平洋戦争時に連合艦隊司令長官を務めた山本五十六の**「やってみせ、言って聞かせて、させてみて、ほめてやらねば、人は動かじ」**という有名な言葉がありますが、これは真理です。少々手間はかかりますが、この言葉を実践することによって、「後任候補」を育てることができるのです。

上層部に部下の「成長プロセス」を見せることが大切である

実は、この「成長プロセス」を上層部に見せることに大きな意味があります。というのは、**課長クラス以上の昇格基準は、実績もさることながら、後継者を育成できているかどうかが非常に重要なポイントになる**からです。つまり、失敗続きだったメンバーの成長を上層部に印象付けることができれば、「彼も成長したな。前田をいまのポストから外して、彼をその後任にしても務まりそうだな」と思ってもらうことができるのです。

重要なのは、そのように思ってもらうのには、それなりの時間がかかるということです。定期的な組織変更や昇格人事の時期が迫ってくると、次期ポストの話がちらほら出てくるものですが、その時期になって慌ててアクションを起こしても手遅れ。平時から、**部下のプロモーションを地道に続けておくことによって、「後任候補」としての認知をコツコツとつくっておかなければならない**のです。

こうして、上層部に、そのメンバーを「後任候補」として認知してもらうことができたら、どんどん仕事を手渡していくことができるようになります。そして、自分が「身軽」になることが大切です。

というのは、そうなると上司が放っておかないからです。「君は余裕がありそうだな……」と、有望な新規プロジェクトを上層部から引っ張ってきてくれるようになるのです。もちろん、「予算と人員」もセット。こうして、チームの増強を図ることができるわけです。

そして、新規プロジェクトでも質の高いアウトプットを出せるようになると、状況は激変していきます。まず、他部署のやる気のある若手が「前田さんのところに行けば面白い仕事ができる」と、私のチームに異動願いを出してくれるようになりますから、雪だるま式にチームが強化されていくのです。

あるいは、「身軽」になることができれば、社内横断プロジェクトなどにも積極的に参画できるようにもなりますし、社外の人的ネットワークに飛び込んでいくだけの余裕ももてるでしょう。

こうして、社内外を問わず、人的ネットワークを広げ、新たな「知見」「経験」を積み上げることができれば、確実に「人材価値」を高めることにつながります。これは、チームの現場業務にどっぷり浸かっていては絶対にできないことであり、これこそが、私が「課長2・0」と呼ぶワークスタイルなのです。

このワークスタイルを手にするために重要なのは、「自分のポジションを守らない」というメンタリティです。

実際、自分のポジションを守るために、意識的・無意識的を問わず、あえて「後任候補」を育てようとしない管理職が存在します。自分がいなければ、そのチームが回らない状態を維持しようとするのです。

しかし、それは自分の首を締めるだけ。そうではなく、「後任候補」を育てて、自分のポジションを譲る。そして、自分はより「高い地平」を目指して進んでいく。そのようなメンタリティをもつ人だけが「課長2・0」へと進化して、その可能性を最大化させることができるのです。

The art of remote team management

30

「セレンディピティ」を楽しむ

チャンスを「取りに行く」ために、
余力を生み出す

「セレンディピティ」という言葉があります。

ご存知の方が多いと思いますが、偶然の出来事から思いがけない発見をする能力のことです。

よく知られるのは、細菌の実験中にくしゃみをしたことがきっかけとなって、抗生物質のペニシリンが発見されたケース。このように、セレンディピティとは、**当初の想定や目的とは異なる価値を発見する能力のことで、これによってイノベーションの**

多くは生み出されていると言われています。

そして、「課長2・0」によってもたらされる最大の恩恵が、このセレンディピティではないかと、私は考えています。

自走できるメンバーを育てて、なかば放っておいても結果を出すチームビルディングができれば、管理職は現場の仕事に埋没する必要がなくなるため、より自由な活動をする余力が与えられます。リモートワークにおいては、その自由度はなお一層高まるはずです。

大切なのは、その余力を活かして、チャンスを「取りに行く」ことです。チャンスというものは待っていてもつかむことはできません。「取りに行く」ことで初めて与えられるものだと思うのです。

もちろん、取りに行ったチャンスが手に入るとは限りませんが、それでいいのです。なぜなら、ひとつの場所にじっと留まっているだけではあり得なかったような「偶然の出来事」と巡り合い、そこから思いがけない「発見」をする可能性が格段に高まるからです。これこそが、「課長2・0」がもたらすメリットの本質なのです。

「出会い」こそが、セレンディピティの源になる

私がそれをはじめて実感したのは、孫正義社長の後継者育成機関である「ソフトバンクアカデミア」の第一期生に選抜されたときのことです。

当時、私は現場の管理職を務めていましたが、メンバーが成長したことによって、多少の余力が生じていたこともあって、「チャンスを取りに行こう」と思って応募したわけです。

ここでは実に貴重な経験をさせていただきました。

私の事業プレゼンが第1位を獲得して、それを機にグループ会社の社外取締役をはじめ多くのプロジェクトのマネジメントを任せていただくことができましたし、孫社長が社外に対して行うプレゼンの資料を作成するチャンスにも恵まれました。その一

つひとつが、私にとってはかけがえのない経験でした。

しかし、いま振り返ると、私にとって、ソフトバンクアカデミアで得ることができた最大の財産は「出会い」でした。**そこに集まった人々との「出会い」こそが、セレンディピティの源となっていった**からです。

特に、ソフトバンク社外から応募してきた外部生との「出会い」は、私にとって衝撃的ですらありました。有名企業に勤務しているサラリーマンから、個性的な起業家までさまざまな人が集まっていましたが、その誰もが強烈な「念い」をもっていたのです。よほどの「念い」がなければ、本業だけでも多忙をきわめているにもかかわらず、ソフトバンクアカデミアに参加しようと思わないでしょう。

例えば、公的な科学技術機関に勤めている技術者は、こんな「念い」をもってロケット開発への情熱を燃やしていました。

彼の最大の問題意識は、「なぜ戦争がなくならないのか？」ということでした。人類全員が「地球は一個しかない」ことに気づけば、それを大切にするために力を合わせるはずだ。そのためには、「とてつもなく弱い宇宙人」に攻め込んでもらうか、人類全員が一度宇宙へ行って、外から「一個しかない地球」を見るしかない。

でも、攻めてくる宇宙人の強弱は、我々がコントロールできることではないし、そもそも、地球外生命体の存在はまだ証明もされていない。だから、戦争をなくすためには、人類全員を宇宙に上げるしかない。そして、そのためのロケットをつくらなければならないんだ……。

荒唐無稽な話と思われる人もいるかもしれません。

でも、きわめて優秀な技術者である彼は、本気でそう訴えるのです。私も初めて彼の話を聞いたときには、あまりにもぶっ飛んでいるので度肝を抜かれましたが、彼の「念い」に触れて、「世界をよくするって、いろんなやり方があるんだな……」と深く感じ入るものがありました。

「念い」が通じ合うことで、人的ネットワークは広がる

そして、「じゃ、自分なりのやり方ってなんだろう?」と考えました。思い出したのは書家としての経験でした。

海外に行って、路上で書道のパフォーマンスをすると、幼い子どもから大人まで集まってきます。それで、筆ペンで相手の名前を書いてあげるだけでも、ものすごく喜んでくれて、「日本という国にはこんなヤツがいるんだ」「日本の文化っていいね」と思ってもらえます。そして、お互いに仲間意識のようなものが芽生えるのです。

もちろん、それはとても小さい出来事です。

だけど、**「こういう人がいる日本という国と喧嘩はしたくない」と思う人を一人ずつ増やしていくことができれば、何百年後、何千年後には戦争がなくなっているかもしれない。**「書」というものを通しても、世界平和に貢献することはできるはずなのです。

そう思い至った私は、その「念い」を彼に伝えました。すると、今度は彼が深く共感をしてくれます。こうして私たちは「念い」が通じ合うことで、「仲間」と認識するようになり、お互いに「念い」の通じる知人・友人をどんどん紹介し合うようになっていったのです。

これと同じようなことは、彼との間だけではなく、ソフトバンクアカデミアに集った多くの個性的でエネルギッシュな外部生たちとの間でも起きました。

このとき痛感したのは、社内の人間関係は「同じ釜の飯を食う仲間」として自然と出来上がっていきますが、利害関係のない社外の人とは「念い」でつながるしかないということです。そして、**「念い」でつながることができれば、そこから共鳴する「念い」をもつ人々へとどんどん人的ネットワークは広がっていく**のです。

この人的ネットワークが、私に新しいビジネスの「知見」や「種」「アイデア」を与えてくれました。それをソフトバンクでの仕事にフィードバックすることで、社内で新規プロジェクトを立ち上げるなど、より創造的な仕事ができるようになっていったのです。

なぜ、日本企業は「硬直化」したのか？

これは、まさにセレンディピティでした。

ソフトバンクアカデミアにチャンスを「取りに行った」ときには、どのような出会いがあり、それがどのようなフィードバックをもたらしてくれるかなどということはまったくわかりませんでした。しかし、**「念い」をもって新しい世界に飛び込んでいけば、必ず、自分の想定を超えるものに出会える**のです。

ここに、「課長2・0」の大きな意味があると思います。

これまで、課長級のマネージャーの多くは、チームを管理するために「職場」という空間に縛り付けられる傾向が強かったと思います。その結果、**セレンディピティとはほど遠い環境におかれ、「思考」も「感性」も硬直化していかざるを得なかった**のではないでしょうか？

そして、時代の変化が激しく、ビジネスのイノベーションが強く求められているにもかかわらず、日本の多くの組織が硬直化して変化できなかったひとつの要因が、ここにあったのではないかと思うのです。

しかし、ネット環境が整い、リモートワークが可能となった現代において、必ずしも「職場」に縛り付けられる必要はなくなりました。マネジメント技術を高度化することによって、**「課長2・0」へと至ることができれば、硬直した組織を変えていく大きな原動力になる**はずなのです。その意味で、「課長2・0」が世の中に広がることには、大きな社会的意義があるのではないかと考えています。

「課長2・0」が企業社会にもたらす変化とは？

ただ、これは企業に課題をもたらすことにもなるでしょう。

というのは、「課長2・0」に到達した管理職のなかには、自らの「念い」を果たすために転職・独立するという選択をする人も増えてくるはずだからです。

私自身がそうでした。

ソフトバンクアカデミアの外部生を起点に、社外の人的ネットワークを広げていた頃、私は、ソフトバンクにおいて、動画サービスでコンテンツを提供するビジネスにチャレンジすべく奮闘していました。

携帯電話（スマホ）は一人一台にまで普及し、通信基地も増えたことにより、私の「念い」であった「どんなときでも大切な人とつながることができる環境をつくる」ことはほぼ達成されました。だから、次は、そのインフラのうえで、コンテンツ・サービスを提供したいと考えたのです。

そして、外部の人的ネットワークも活用しながら、さまざまな企業・団体・個人と連携しながらコンテンツ開発をめざしました。

また、自分の専門でもある書道を学ぶコンテンツの可能性も模索していましたが、当時はまだ４Ｇの時代。動画サービスを成功させるには時期尚早でした。私なりに精一杯努力しましたが、分厚い壁を前にプロジェクトを前進させることは難しかった。自分の力不足を思い知らされる経験でもありました。

しかし、再び火がついた書道への「念い」は捨てがたかった。
しかも、孫正義社長への尊敬の念はいまも変わりませんが、事業規模を拡大することに私自身の「念い」を重ねることができないことに気づきましたし、そもそも私よりもそれに貢献できる人材がいくらでもいることも認めざるをえませんでした。

そして、私の周囲にはアカデミアで知り合った個性的な起業家たちがいました。彼らのなかには、すでに成功している人もいましたが、大半の人々は、高い志に向かう道半ばにありました。しかし、**自分の「念い」に忠実に生きる気概溢れる姿は実に魅力的でした。**その姿に刺激を受けた私は、思い切って「書家」として独立することにしたのです。

だから、私は現在、多くの企業から管理職研修を依頼されたときに、必ず、このように伝えるようにしています。
「私の話を聞いた方のなかから、退職希望者が出てくるかもしれません。それでもよろしいですか？」

反応はさまざまです。

もちろん、躊躇される経営者もいらっしゃいますし、時には、研修依頼を取り下げる方もいらっしゃいます。しかし、このようにおっしゃる方もいらっしゃいます。

「それで構いません。**これからの時代、『念い』のある社員に活躍してもらうことが絶対に必要です。そんな優秀な管理職が、ここで勤め続けたいと思えるような会社に、私はしていきます**から」

実に、頼もしい言葉ではないでしょうか？

私は、「課長2・0」の広がりは、企業のあり方そのものを問い直すきっかけになりうるのではないかと思っています。それが、建設的な変化を日本の企業社会に起こすことを期待して、本書を閉じたいと思います。

あとがき

最後まで読んでいただき、ありがとうございました。

正直に告白すると、当初、本書の編集者が『課長2・0』というタイトルを提案してきたときには躊躇する思いがありました。

「2・0」という言葉を使った書籍はすでにたくさんありますし、そもそも、リモートワーク時代に求められるマネジメント能力とは、決して「まったく新しいもの」などではなく、本書で再三書いてきたとおり、「マネジメントの本質」により忠実になることにほかならないと考えているからです。

ただ、編集者の主張にも一理はありました。

「マネジメントの本質」を再確認することによって、リモート・マネジメントができるようになれば、自由に活動することができる「新しい課長像」が誕生するはずであり、それを「課長2・0」と名付けてもよいのではないか、と。

たしかに、その「新しい課長像」は、ネット環境が整ったことによって可能になったものであり、その意味においては「2・0＝バージョンアップ」と言えるでしょう。そこで、その新しさを端的に表現するアイコンとして「2・0」という言葉を用いることに、私も同意したのです。

ともあれ、この本を書き上げることで、改めて認識させられたことがあります。それは、私が曲がりなりにも管理職としてそれなりに成長することができ、それなりの成果をおさめることができたのは、私と一緒に仕事をしてくれたみなさんのおかげだということです。

本書でも書かせていただきましたが、私の管理職としての未熟さから、心ならずも傷つけてしまった方々もいたことと思います。改めて、申し訳ないことをしたとお詫びの気持ちでいっぱいになりますが、一方で、彼らとの関係性を振り返るなかで「マネジメントとはどうあるべきか？」ということを学ばせていただいてきたのだと思います。その意味で、本当にありがたいことだと感謝の気持ちを覚えるのです。

また、日々の自分の振る舞い、周囲の人々との関係性などを振り返る、「内観」の習慣を身につけていたことに助けられたと思っています。「内観」を通して、自分を見つめ直し、少しずつではありますが、自分の心を整え、言動に修正を加え続けてきたからこそ、私なりに管理職として成長することができたのだと思うのです。

そして、この「内観」の習慣を与えてくれたのは書道でした。「なぜ、この字を書くのか？」「この字を書くことで、誰に何を伝えたいのか？」といったことを、深く深く「内観」することなしに、説得力のある「書」を書くことはできないからです。

そう思うと、両親への感謝の念が湧き上がってきます。

正確に言うと、両親ではなく祖父母です。実は、私の父は、私がまだ幼かった頃に亡くなり、祖父母が引き取って育ててくれたのです（その事実を知ったのは、私が小学6年生のときでした）。

祖父母は文盲でした。祖父の稼ぎだけでは、私と弟を養うことができず、祖母がずっと内職をして生活を支えてくれていました。そして、自分たちが文盲で苦労したからこそ、幼い私に書道を学ばせようとしてくれたのです。

幼い頃、私は決して書道が好きではありませんでしたが、いつの間にかその魅力にどっぷりとつかり、書家をめざすまでになりました。そして、そのプロセスで身につけた「内観」によって、全く異分野であるはずの「マネジメント」にも活かすことができたのです。

これこそ、まさにセレンディピティなのかもしれません。それを私に与えてくれた「両親」に、改めて深く御礼をしたいと思います。ありがとうございました。

2021年8月

前田鎌利

前田鎌利（まえだ・かまり）

1973年福井県生まれ。東京学芸大学で書道を専攻（現在は、書家としても活動）。卒業後、携帯電話販売会社に就職。2000年にジェイフォンに転職して以降、ボーダフォン、ソフトバンクモバイル株式会社（現ソフトバンク株式会社）と17年にわたり移動体通信事業に従事。その間、営業現場、管理部門、省庁と折衝する渉外部門、経営企画部門など、さまざまなセクションでマネージャーとして経験を積む。

2010年にソフトバンクアカデミア第1期生に選考され、事業プレゼンで第1位を獲得。孫正義社長に直接プレゼンして数多くの事業提案を承認され、ソフトバンク子会社の社外取締役をはじめ、社内外の複数の事業のマネジメントを託される。それぞれのオフィスは別の場所にあったため、必然的にリモート・マネジメントを行わざるを得ない状況に立たされる。それまでの管理職としての経験を総動員して、リモート・マネジメントの技術を磨き上げ、さまざまな実績を残した。

2013年12月にソフトバンクを退社。独立後、プレゼンテーションクリエイターとして活躍するとともに、『社内プレゼンの資料作成術』『プレゼン資料のデザイン図鑑』『最高品質の会議術』（以上、ダイヤモンド社）などを刊行。年間200社を超える企業においてプレゼン・会議術・中間管理職向けの研修やコンサルティングを実施している。

また、一般社団法人プレゼンテーション協会代表理事、情報経営イノベーション専門職大学客員教授、サイバー大学客員講師なども務める。

課長2.0
リモートワーク時代の新しいマネージャーの思考法

2021年9月7日　第1刷発行
2022年4月5日　第4刷発行

［著　者］　前田鎌利
［発行所］　ダイヤモンド社
〒150-8409 東京都渋谷区神宮前6-12-17
https://www.diamond.co.jp/
電話／03-5778-7233（編集）03-5778-7240（販売）
［装　丁］　奥定泰之
［製作・進行］　ダイヤモンド・グラフィック社
［印　刷］　三松堂
［製　本］　ブックアート
［編集担当］　田中 泰

 978-4-478-113066